환상의 사슬 너머

마르크스, 프로이트와 만남

환상의 사슬 너머

마르크스, 프로이트와 만남

에리히 프롬 지음

김진욱 옮김

집문당

환상의 사슬 너머: 마르크스, 프로이트와 만남

1994년 10월 1일 1판 1쇄
2011년 3월 7일 2판 1쇄
2020년 8월 1일 3판 1쇄

저자 | 에리히 프롬
번역자 | 김진욱
발행인 | 임동규
발행처 | **(주)집문당**
등록 | 1971. 3. 23. 제2012-000069호
주소 | 03134 서울시 종로구 돈화문로 82, 5층
전화 | +82-1811-7567
이메일 | sale@jipmoon.com
홈페이지 | www.jipmoon.com

ISBN 978-89-303-1879-2 03100

가격 10,000원

이 도서의 국립중앙도서관 출판시도서목록(CIP)은 e-CIP홈페이지(http://www.nl.go.kr/ecip)와
국가자료공동목록시스템(http://www.nl.go.kr/kolisnet)에서 이용하실 수 있습니다.
(CIP제어번호: CIP2020029935)

차 례

인간은 영원히 어린아이인 채로 있을 수는 없다.
언젠가는 '적의 있는 인생' 속으로 나아가지 않으면 안 된다.
이것은 '현실에의 교육'이라 해도 좋다.
아니, 우리의 과학은 환상이 아니다.
오히려 환상이란,
과학이 부여할 수 없는 것을 어떤 다른 곳에서 구할 수 있는 것처럼
믿는 것을 말하리라.
"이드가 있는 곳에 자아를 있게 하라."

지그문트 프로이트

1. 회상되는 일들

자기의 생애에서 가장 중요한 위치를 차지하게 된 사상이 어떻게 자신의 관심을 끌게 되었는지를 생각해 보아도 간단히 해답을 발견하기는 어렵다. 아마 선천적으로 어떤 종류의 문제를 좋아하고 있었는지도 모르며, 교사나 시대 사상이나 개인적 체험에 의해 영향을 받았는지도 모른다. 어떤 요소가 인생 항로를 결정했는지는 아무도 모른다. 사실 이 모든 요소의 비중을 정확히 알려고 하면, 상세히 경력을 밝힌 자서전을 쓴다 해도 그 해답을 얻기는 어려우리라고 생각한다.

그러나 이 책의 의도는 단순한 경력이 아니라, 말하자면 사상적 자서전인 것이다. 그래서 일단 청년기를 돌이켜보고, 내가 후에 프로이트와 마르크스의 학설이나 양자의 관계에 흥미를 갖는 원인이 된 두서너 가지의 체험을 다루어 보고자 한다.

사람은 왜 각양각색의 행동을 하는 것일까, 하는 의문이 나의 생각을 지배하게 되었는데, 그 까닭은 조급하고 성미가 까다로운 아버지와 곧잘 울적해하는 어머니와의 사이에서 외아들로 태어났기 때문에, 인간 마음의 반응 깊은 곳에 숨어 있는 스스로도 알 수 없는 원인에 흥미를 갖게 된 때문이다. 어쨌든 나는 어떤 사건을 역력히 기억한다—그것은 열두 살 때쯤이었을까—이것이야말로 나의 정신생활을 비약적으로 발전시키고, 10년 후에 프로이트에의 흥미를 본격화시키는 원인이 된 것이다.

그 사건이란 우리 가족과 친근히 지내던 한 젊은 여성에 관한 것이다. 나이는 스물다섯 살쯤 되었으리라 생각한다. 그녀는 매력적이고 아름다운 사람이었으며, 더욱이 내가 세상에 태어난 이후로 처음 알게 된 화가였다. 그녀는 한 번 약혼을 했으나 얼마 후에 약혼을 취소하고, 아내를 잃은 아버지의 옆을 거의 떠나지 않았다. 그녀의 아버지는 별로 드러나게 눈에 띄지 않는, 본받을 만한 점이 없는 노인이었던 것으로 기억하였다.

적어도 나는 그렇게 생각하고 있었다(나의 판단은 질투 때문에 다소 일그러져 있었는지도 모른다). 그런데 어느 날 나는 뜻밖의 소식을 들었다. 그녀는 그녀의 아버지가 죽은 직후에, 아버지와 함께 묻어 달라는 유서를 남기고 자살한 것이다.

나는 아직 오이디푸스 콤플렉스니 딸과 아버지 사이의 근친상간적 고착이니 하는 것은 몰랐지만, 뭔지 예삿일이 아님을 느꼈다. 나는 그 젊은 여성에 매혹되었지만 초라한 그녀의 아버지는 싫었다. 하지만 그때까지 자살한 사람이라곤 본 적도 없었기 때문에, '이런 일이 있어도 좋은 것일까' 하는 생각이 머리에 떠올랐다. 아름답고 젊은 여성이 그림을 그리거나 인생을 즐기는 기쁨으로 살기보다는 함께 매장되는 편이 좋다고 생각할 만큼 그렇게 아버지를 사모하다니, 이런 일이 있어도 좋은 것일까.

물론 해답은 얻지 못한 채 '이런 일이 있어도 좋은 것일까' 하는 생각만이 머리에 달라붙어 있었다. 그 후 프로이트의 학설을 배웠을 때, 이것이야말로 내가 청년기에 들어서면서 체험한, 불가해하고 무서운 사건에 대한 해답이라는 느낌이 든 것이다.

내가 마르크스의 사상에 끌리게 된 데는 또 다른 이유가 있다. 나는 경건한 유대인 가정에서 자랐는데, 구약성서의 여러 편은 내가 접한 다른 무엇보다도 나를 감동시키고 용기를 불어넣어 주었다. 하긴 부분에 따라 감동의 차이는 있었다. 히브리인이 가나안 땅을 정복한 얘기는 지루할 뿐만 아니라 불유쾌하기까지 했으며, 모르데카이나 에스델의 얘기는 아무 흥미도 없었다.

아가도—그 당시는—대수롭지 않게 생각되었다. 그러나 아담과 이브가 반역한 얘기, 아브라함이 신에게 소돔과 고모라의 주민을 구해 달라고 간청하는 얘기, 요나의 니느웨 전도 얘기, 그 밖에 성서의 많은 부분들이 내게 깊은 감명을 주었다. 특히 이사야, 아모스, 호세아에 의한 예언서에 마음이 끌렸는데, 그것도 여러 가지의 계율이나 재앙의 고지 때문이 아니라, '최후의 날'이 약속되었기 때문이다.

그 날 여러 나라의 백성은 '그 검으로 삽을 만들고, 그 창으로 솥을 만들며, 나라는 나라를 향해 검을 들지 않으며, 그들은 이미 싸움을 배우지 않는다.'

모든 나라의 백성은 동포가 되며, '물이 바다를 덮고 있듯이 주님을 아는 지식이 땅에 충만한다.' 이 세계평화와 여러 국민이 협조하게 된다는 미래상이 열두세 살 무렵의 나를 강하게 사로잡았다. 평화와 국제주의의 사상에 이토록 내가 열중한 직접적인 이유는 아마 나 자신이 놓여 있던 상황 때문이리라. 즉 기독교 사회에 살던 한 유대 소년으로서, 나는 반유대주의의 분쟁에 몇 번인가 휩쓸려 들었으며, 더욱이 그 쌍방에 냉담과 배타의 감정이 존재하고 있음을 보아온 것이다.

나는 배타주의가 싫었다. 즉 제멋대로인 외아들의 감정적 고립 상태로부터 어떻게 해서든 빠져나오고 싶다는 소망이 강했기 때문에 더욱더 그렇게 되었으리라. 그러한 나에게 있어 세계평화, 세계동포주의라는 예언적 미래상만큼 정신을 고양시키는 아름다운 것은 없었던 것이다.

이 모든 개인적 체험은 나의 정신 발달에 가장 큰 영향을 미친 사건, 즉 제1차 세계대전 직전에 생긴 것이며, 그렇지 않다면 이만큼 근본적이며 영속적인 의미를 갖지 않았으리라고 생각한다. 1914년의 여름에 전쟁이 시작되었을 때, 나는 열네 살의 소년이었다. 이 나이에서는 기껏해야 전시의 흥분이라든지, 승리의 축하라든지, 알고 있는 개개 병사들의 비극적인 죽음 따위를 체험했을 뿐이고, 전쟁이라는 문제 자체에는 생각이 미치지 않았으며, 우열한 비인간성 때문에 괴로워하지도 않았다. 하지만 얼마 후에 사태는 일변했다. 그 계기가 된 것은 교사들의 전쟁에 대한 태도였다.

나의 라틴어 교사가 전쟁이 일어나기 2년 전에, 수업 중 즐겨 말하던 격언은 "평화를 바라면 전쟁을 각오하라(Sivis pasem para bellum)"는 말이었는데, 막상 전쟁이 일어나자 기쁜 표정을 지었다. 그래서 그의 소위 평화에의 관심이 가식이었음을 알았다. 끊임없이 평화의 유지에 마음을 기울이는 듯이 생각되었던 사람이, 이번에는 일변하여 전쟁을 환영하는 그런 일이 있어도 좋은 것일까? 그 후 오늘에 이르기까지 나는 군비가 평화를 유지한다는 주장을 신용할 수 없게 되었다. 그것은 나의 라틴어 교사 이상의 선의와 성실성을 갖춘 사람에 의해 주장되었을 경우에도 그렇다.

나는 또 그 무렵 독일 각지에 퍼진 영국인에 대한 히스테릭한 증오의 폭풍우에 휩싸였다. 별안간 영국인은 비천한 용병, 악마, 파렴치한 이며 순진무구한 우리 독일의 용사들을 몰살하려 한다는 것이었다. 거국적인 이 히스테리성 흥분의 소용돌이 속에서 일어난 어떤 사건이 지금도 내 마음에 달라붙어 있다. 여름 방학 전의 영어 시간에 선생은 우리에게 국가를 암기하라는 숙제를 내 주었다. 그때는 아직 전쟁이 일어나지 않았다. 그러나 새 학기가 시작되었을 때 우리 학생들은 반장난기로, 또 약간은 '가증스런 영국'이라는 기분에 해독을 입어, 이제 우리의 최대 적국이 되어 있는 나라에 대해 공부하는 것은 좋지 않다고 선생에게 말했다. 그때 교단에 있던 선생의 모습이 지금도 내 눈에 떠오른다. "농담이 아니다. 지금까지 영국은 한 번도 전쟁에 진 일이 없다." 그는 아이러니컬한 미소를 띠우며 우리의 항의에 답하여 조용히 이렇게 말한 것이다. 광기와 증오의 소용돌이 속에서 선생의 이 말이야말로 정기와 리얼리즘의 목소리였다. 이 한 마디와 그렇게 말한 조용하고 이성적인 태도는 하나의 가르침이 되었다. 그것은 증오와 국가적 독선 따위의 미치광이 같은 미망을 타파하여 '이런 일이 있어도 좋은 것일까?' 하는 의문을 일으키게 하고, 생각에 잠기게 하는 원인이 된 것이다.

성장함에 따라 나의 의문은 더욱 늘어났다. 몇 명의 숙부와 사촌형제, 그리고 상급생들이 싸움터에서 죽었다. 군(軍) 고위층의 승리하리라는 예상은 믿을 수 없음을 알았다. 얼마 후에 나는 '전략적 후퇴'니 '승기를 잡는 방위'니 하는 조리가 맞지 않는 말의 내용을 이해하게 되었다. 거기서는 뭔가 다른 일이 생겨나고 있었던 것이다.

독일 신문은 당초부터 이 전쟁을, 이웃의 여러 나라들이 독일 국민을 질투하여 걸어 온 전쟁이라 말하고, 독일을 쓰러뜨림으로써 번영하고 있는 경쟁상대를 제거하려는 것이라고 쓰고 있었다. 이 전쟁은 자유를 위한 싸움이다. 그렇기 때문에 독일은 예속과 압제의 권화인 러시아 황제와 싸우는 게 아니냐는 식으로 말이다.

이에 반론을 제기하는 소리가 들리지 않았으므로, 이상과 같은 견해는 얼마 동안 지극히 당연한 것처럼 보였지만, 그래도 이 주장에 대한 나의 신뢰는 흔들리기 시작했다. 우선 첫째로, 연방 의회 하원에서 전쟁 예산에 대해 반대 투표를 하는 사회주의 의원이 증가하여 독일 정부의 공식 태도를 비판하였다. 『J'accuse(나는 탄핵한다)』라는 제목의 한 권의 팸플릿이 몰래 회람되었는데, 거기에는 전쟁 범죄의 문제가 근본적으로—내가 기억하는 한은—연합국 측의 관점에서 논의되었다. 제국 정부는 결코 외부로부터의 공격에 의한 무고한 희생자가 아니라, 오스트리아 · 헝가리 정부와 함께 큰 전쟁 책임이 있음을 이 저서는 밝히고 있다.

그러나 전쟁은 계속되었다. 참호는 스위스 국경에서 북쪽 해안선까지 뻗쳤다. 그리고 병사들의 얘기를 통해 참호나 대피호에 갇힌 채로 보내는 그들의 생활이 어떤 것인지를 알았다. 공격 개시를 알리는 적의 십자포화 앞에서 몇 번이고 돌파를 시도하지만 잘 되지 않는다. 여러 해에 걸쳐 각국의 건강한 인간들이 동혈 속의 동물과 같은 생활을 하고, 소총이며 수류탄, 기관총, 총검 등으로 서로 살상한 것이다. 살육은 계속되었으며, 그에 수반하여 단기결전을 한다는 거짓 약속, 자기 나라의 결백에 대한 위증, '마귀나 짐승 같은 적'에 대한 기만적인 비난, 거짓 평화 제의, 허위의 강화 조항 포고 등을 했다.

이러한 상태가 오래 계속됨에 따라, 나는 점차 어린아이로부터 어른이 되고, '이런 일이 있어도 좋은 것일까?' 하는 의문이 더욱더 절박해져 갔다. 수백만의 인간이 참호에 달라붙어, 아무 죄도 없는 다른 나라 백성을 죽이고 또 죽임을 당하며, 그 결과 부모나 아내나 친구들을 깊은 비탄의 구렁텅이에 빠뜨리고 있다. 이런 일이 있어도 좋은 것일까? 그들은 무엇 때문에 싸우는가? 양 진영 모두 자신은 평화와 자유를 위해 싸운다고 믿는데, 이런 일이 있어도 좋은 것일까? 누구나 자신은 전쟁을 바라지 않는다고 언명하는데, 어째서 전쟁이 일어났는가? 양 진영 모두, 우리는 아무런 침략 의도가 없으며, 다만 자국 영토의 보호 · 보전을 목적으로 할 뿐이라고 말하는데, 전쟁이 계속되는 것일까? 그 후의 사실에 의해 밝혀진 것처럼, 양 진영 모두 그 정치적 · 군사적 지도자를 위해 침략과 명성을 구했다는 것이 사실이라면, 약간의 영토를 위해, 소수의 지도자를 위해, 쌍방에서 수백만의 병사가 학살을 감수한다는 사태가 어떻게 일어난 것일까? 전쟁은 별다른 의미도 없는 우발 사고의 결과일까? 아니면 일정한 사회적・정치적 발전의 결과이고, 그 자신의 법칙을 따르며, 그 법칙의 특질을 알기만 하면 이해하고 나아가서는 예언까지 할 수 있는 것일까?

1918년에 전쟁이 끝났을 때 이미 청년이 되어 있던 나는 심한 곤혹에 빠져, 어째서 전쟁이 일어날까 하는 의문, 즉 인간의 집단행동의 비합리성을 이해하고 싶다는 소망과, 평화와 국제적 상호이해에 대한 열정적 욕구에 사로잡혀 있었다. 그리고 모든 공인된 이데올로기와 공식선언 따위에 대해 극도로 회의적이 되었으며, '모든 것을 의심하지 않으면 안 된다'는 확신에 차 있었다.

이상에서 청년기를 통해 어떤 체험이, 프로이트와 마르크스의 가르침에 대한 나의 정열적 관심을 불러일으키는 원인이 되었는가를 말했다. 그리고 나는 개인적・사회적 현상들에 대한 여러 가지 의문 때문에 번민하고 열심히 해답을 찾은 끝에, 마침내 프로이트와 마르크스의 사상 체계 속에서 해답을 발견했다. 그러나 동시에 두 체계 사이의 차이를 깨닫고 쌍방의 모순을 풀고자 했다. 그 후 성장하여 연구를 쌓아감에 따라, 나는 두 체계의 내부에 어떤 종류의 가정 사항이 존재하는 것이 아닌가 하는 의문을 품게 되었다. 이리하여 내 관심의 중요 대상이 된 사항은 뚜렷이 그 윤곽을 나타냈다. 그것은 개인 생활을 지배하는 법칙과, 사회의 법칙—즉 사회적 존재로서의 인간을 둘러싼 법칙을 이해하는 일이었다. 프로이트의 개념 속에서 수정할 필요가 있는 가정 사항이 아닌 영속적 진리를 찾으려 하고, 마르크스의 학설에 대해서도 그와 같이 하려고 노력했으며, 마지막으로 두 사상가를 이해・비판함으로써 하나의 종합에 도달하려 했다. 이것은 이론적 사변이라는 수단만으로 시도된 것은 아니다. 그 까닭은 내가 순수한 사변이라는 것을 별로 높이 평가하지 않기 때문이 아니라 '모든 것은 누가 사변하는가에 달려 있다'. 경험적 관찰과 사변을 융합시킴으로써 더할 나위없는 가치가 생겨남을 믿고 '현대 사회과학에 수반되는 폐해의 대부분은 사변 없는 경험적 관찰에만 의존하는 데서 생겨난다'. 사실의 관찰에 의해 사고를 인도하였으며, 관찰이 확실할 경우에는 이론을 수정하도록 노력했다.

심리학설에 대해 나는 관찰할 기회가 많았다. 35년 동안 나는 정신분석을 실천하고 분석한 사람들의 행동과 자유 연상, 꿈 등을 세밀히 검토했다. 이 책이나 다른 저작물에서 서술한, 인간 정신에 관한 이론적 결론은 모두 이러한 정신분석의 일을 통해 행한 인간 행동의 비판적 관찰을 바탕으로 하고 있다. 사회 행동의 연구에 대해서는, 정신분석의 임상에 종사하던 것에 비하여 그다지 활발히 참여하였다고는 할 수 없다.

열두어 살 때부터—그때 이미 나는 아버지의 회사에서 일하던 사회주의자와 정치를 논하였다—오늘에 이르기까지 나는 쭉 정치에 강한 관심을 품어 왔지만, 동시에 정치활동에는 기질적으로 맞지 않는다는 것도 자각하였던 것이다. 그래서 나는 최근까지, 즉 미국 사회당에 입당하여 평화운동에 열중할 때까지 아무 당파에도 속하지 않았다. 마침내 실제 활동을 하기로 결심한 것은, 자신의 능력에 대한 생각이 달라졌기 때문이 아니라, 스스로 파국에의 길을 선택하려는 것처럼 보이는 세계정세 속에서 자신의 의무를 생각하자, 수동적인 채로 있어서는 안 되겠다고 판단한 때문이다. 거기에는 단순한 의무감 이상의 것이 있음을 뒤늦게나마 덧붙여 두고자 한다. 우리의 이 세계가 광기에 빠지고 비인간화하면 할수록 사람은 인간적 관심을 나누어 갖는 남녀와 함께 있고 함께 일하고 싶은 욕구를 느끼는데, 나는 바로 그 욕구를 느낀 것이다. 그리고 다행스럽게도 협력하게 된 사람들과 서로 격려하고 용기를 불어넣어 줄 수 있게 된 것을 감사한다. 그러나 아직 적극적으로 정치에 참여하지 않았을 때에도 나의 사회학적 사고(思考)가 단지 서책 위에만 구축되었던 것은 아니다. 사실 마르크스가 없었으면 그만큼 영향이 줄어들었을 것이고, 다른 사회학의 선구자들이 없었다면 나의 사고는 가장 중요한 자극을 받지 못했으리라고 생각한다. 하지만 그래도 내가 살아온 역사적 시기가 무진장한 사회적 실험실이 되어 있었던 셈이다.

제1차 세계대전, 독일 혁명과 러시아 혁명, 이탈리아에서 파시즘의 승리와 독일에서 나치즘의 진전, 러시아 혁명의 쇠퇴와 타락, 스페인 시민전쟁, 제2차 세계대전, 군비 확장 경쟁—이 모든 일들이 경험적 관찰의 장소를 제공하고, 가설을 만들게 했으며, 그 취사선택을 하게 했다. 정치적 사건에 비상한 관심은 있지만, 동시에 기질적으로 행동적이 될 수 없음을 자각하던 나는 어느 정도의 객관성을 유지하였다. 하지만 그것은 일부 정치학자들이 객관성의 필요조건으로 생각하는 무감동성은 아니었다.

이상에서 내가 30대에 프로이트 및 마르크스 사상에 접했을 때 자진하여 이것을 받아들이는 원인이 된 경험과 사고의 몇 가지를 독자와 함께 살펴보려고 노력했다. 그래서 이제부터는 자신의 인격발전과 관련된 사항을 떠나 사상과 이론의 개념, 즉 프로이트의 그것과 마르크스의 그것 그리고 양자의 모순 및 그 모순을 이해하고 해결하려는 시도에서 출발한 종합으로서 나 자신의 사상에 대해 서술하고자 한다.

그러나 여기서 마르크스와 프로이트의 체계를 논하기 전에, 한마디 해 두고 싶은 것이 있다. 아인슈타인과 함께 마르크스와 프로이트는 '현대'의 개척자이다. 세 사람 모두 현실이 갖는 근본적 질서에 대한 확신이 차 있고, 자연—인간은 그 일부이다—의 작용 속에서 단지 비밀을 발견할 뿐만 아니라 패턴과 디자인을 살피려는 태도를 지니고 있다. 그러므로 그들의 작업은 이해하고 싶다는 인간의 소망, 알고 싶다는 인간 욕구 최고 표현으로서의 과학임은 물론이고, 동시에 각기 독자적인 형태로 최고의 예술적 요소마저 띠고 있다. 그러나 이 책에서 내가 다루는 것은 마르크스와 프로이트뿐이다.

두 사람의 이름을 나란히 늘어놓고 있어, 자칫하면 그들 두 사람을 같은 정도의 기량과 같은 정도의 역사적 의미가 있는 인물로 생각하는 듯이 보일지도 모른다. 하지만 실은 그렇지 않음을 먼저 밝혀 두고자 한다.

마르크스는 세계사적 의의를 갖는 인물이며, 프로이트는 그 점에서 비교가 되지 않음은 길게 설명 할 필요도 없다. 왜곡되고 타락한 마르크스주의가 거의 세계의 3분의 1에 걸쳐 유포되는 사실에 대해, 나와 마찬가지로 매우 유감스럽게 생각하는 사람도 있겠지만, 이 사실은 마르크스의 독자적인 역사적 의미를 소멸시켜 버리는 것이 아니다. 오히려 이러한 역사적 사실을 떠나, 사상가 마르크스는 프로이트보다 훨씬 큰 깊이와 넓이를 가진 존재라고 생각한다. 마르크스는 계몽적 인도주의와 독일 관념론의 정신적 유산을 경제적·사회적 사실이 나타내는 현실과 결부시킴으로써, 인간과 사회에 대한 경험적이며 또 서구적 인도주의자의 전통적 정신에 충만한 새로운 과학의 기초를 마련할 수가 있었던 것이다. 이 휴머니즘의 정신은, 마르크스의 이름으로 말해지는 학설 체계의 대부분에 의해 부인·왜곡되어 있다고는 하지만, 나는 서구 휴머니즘을 부흥시키기만 하면 마르크스에게 인류 사상사에서 탁월한 위치를 다시 부여할 수 있다고 확신하며, 그것을 이 책에서도 제시하려는 것이다.

그러나 마르크스의 높이에 도달하지 못했다고는 하지만, 프로이트의 중요성을 무시하는 건 경솔하다고 할 수 있을 것이다. 그는 진정으로 과학적인 심리학의 창시자이며, 무의식 과정과 성격 특징의 역동적 본질에 대한 그의 발견은 인간의 과학에 대한 독자적 공헌이며, 영원한 미래에 걸쳐 인간관을 변화시킨 것이다.

2. 양자 사이의 공통적 기반

마르크스와 프로이트의 학설을 상세히 논하기 전에, 두 사상가에게 공통된 기본적 전제, 말하자면 거기에서 그들의 사상이 생겨나온 공통적 토양이라 할 만한 것을 간단히 설명해 두고자 한다.

이 근본적인 이념은 3개의 짧은 말—그중의 둘은 로마(Rome)인의 것이고, 하나는 기독교인의 것이다—속에 가장 잘 표현되어 있다. 3개의 말이란 ① De omnibus es dubitandum(모든 일에 대해 의심하지 않으면 안 된다)[1], ② Nihil hnmanum a mihi alienumputo(인간적인 것으로서 자신에게 연관 없는 것은 없다)[2], ③ 진실은 사람을 자유롭게 만든다는 것이다.

첫 격언은 이른바 '비판 정신'을 나타내고 있다. 이 정신은 근대 과학의 특징이다. 그런데 자연 과학에서는 회의가 주로 감각이나 전문이나 전통적 의견의 실증성에 돌려지지만, 마르크스와 프로이트의 사상에 있어서는 회의가 특히 인간인 자기와 타자에 대한 견해로 돌려졌다.

의식에 관한 장에서 상세히 설명할 작정이지만 마르크스는 우리가

1) 텔렌티우스.
2) 이 두 말은 마르크스가 그의 좌우명이라고 말한 것이다. E. 프롬, 《마르크스의 인간관》; E. Fromm, Marx's Concept of Man(New York: Frederick Unger Publishing Co., Inc.) 참조.

자기 자신과 타자에 대해 생각하는 것의 대부분이 완전한 환상이며 '이데올로기'라고 믿었다. 그는 개인의 사상이라는 것은 어떤 일정한 사회가 만들어 내는 이념에 의해 형성되는 것이며, 이러한 이념은 그 사회가 갖는 특유한 구조와 기능 양식에 의해 규정되는 것이라고 믿었다. 모든 이데올로기 · 이념 · 이상에 대한 경제적이며 회의적인 태도는 마르크스의 특징이다. 그는 항상 그것들이 경제적 · 사회적 이해를 감추는 것이 아닌가 하는 의심을 품고 있었다. 그의 회의는 매우 강했기 때문에 자유니, 진리니, 정의니 하는 말을 경솔하게 사용할 생각이 들지 않았다—정확히 말하면 그것은 위의 말들이 악용되기 쉽다는 사실에 의거하였던 것이며, 자유 · 정의 · 진리가 그에게 있어 최고의 가치를 갖지 않았다는 의미는 아니다.

프로이트도 같은 '비판 정신'으로 생각했다. 그의 정신분석적 방법 전체가 '회의 기법'이라고도 할 수 있다. 그는 최면 상태에 있는 인간이 어느 정도까지 분명히 현실이 아닌 것을 현실이라고 믿을 수 있는가를 나타내는 최면실험을 함으로써, 최면 상태에 있지 않은 인간의 이념 역시 현실과 조응하지 않는 수가 많으며, 한편 현실에 있는 것이라도 의식에 오르지 않는 경우가 많음을 발견했다. 마르크스는 사회의 사회 경제적 구조야말로 기본적 현실이라고 생각했는데, 프로이트는 개인의 리비도 구성이 그것이라고 믿었다. 그러나 두 사람 다 사람들의 마음에 깃들여 있는 틀에 박힌 문구인 관념, 합리화 작용, 이데올로기에 대해서는 똑같이 지워 버릴 수 없는 불신감을 품었다. 왜냐하면 그것들이 현실을 잘못 이해하는 원인이 되는 것이기 때문이다.

'상식적인 견해'에 대한 이 회의는 진리가 해방시키는 힘에 대한 신뢰와 불가분하게 결부되어 있다. 마르크스는 인간을 의존하고 있는 기반으로부터, 소외로부터, 경제에의 예속으로부터 해방시키려 한 것이다. 그러면 그의 방법이란 무엇인가? 그것은 널리 믿는 바와 같은 폭력은 아니다. 그는 많은 사람들의 마음을 포착하려 했다. 폭력이 사용되는 것은 소수의 사람들이 다수 사람들의 의지에 폭력으로 대항하는 경우뿐이다. 마르크스에 있어 중요한 문제는 국가 권력을 어떻게 잡느냐 하는 기법이 아니라, 사람들의 마음을 어떻게 포착하느냐 하는 기법이었다. '프로파간다'를 할 때, 마르크스와 그 후계자들은 부르주아, 파시스트, 코뮤니스트와 같은 다른 모든 정치가들이 이용하는 것과는 정반대의 방법을 사용했다. 그는 테러의 공포를 배경으로 반 최면상태를 만들어 선동적으로 설득하는 것이 아니라, 현실감각에 호소하여 진실로써 감화를 미치려 했다.

마르크스의 '진실이라는 무기'라는 생각의 전제가 되어 있는 것은 프로이트와 같은 것이다. 즉 사람은 환상을 품고 살지만, 그것은 환상이 현실 생활의 참상을 견디기 쉽게 하기 때문이다. 자기 자신에 대한 환상을 인식하면, 즉 절반 꿈꾸는 듯한 상태에서 깨어나면 사람은 정기로 돌아가 자기의 본래적 힘을 깨닫고, 이제 더 환상을 필요로 하지 않도록 현실을 변혁할 수 있다. '그릇된 의식', 즉 왜곡된 현실상은 사람을 무력하게 하지만, 현실과 접촉하여 그 정확한 상을 파악하면 사람은 강력해진다. 그러므로 마르크스는, 그의 가장 중요한 무기는 진실이며, 그것을 은폐하는 환상이나 이데올로기의 배후에서 현실을 발견하는 일이 중요하다고 믿었다. 여기에 마르크스주의적 프로파간다가 독특하다고 일컬어지는 이유가 있다. 즉 그것은 사회적·역사적 현상의 과학적 분석과, 일정한 정치 목적에 대한 정서적 호소가 뒤섞인 것이다.

이 혼합물의 대표적인 예가 말할 것도 없이 '공산당 선언'이다. 그것은 간결한 형식 속에, 역사와 경제적 인자의 영향과 계급 관계에 대한 훌륭하고 투철한 분석을 보여 주지만, 동시에 노동자 계급에 대한 열렬한 정서적 호소로써 끝나는 정치적 팸플릿이기도 하다. 정치지도자가 동시에 사회과학자이며 저술가여야 한다는 사실은 마르크스에 의해서만 나타난 것은 아니다. 엥겔스, 베벨, 졸레스, 로자 룩셈부르크, 레닌 및 그 밖의 사회주의 운동 지도자들은 저술가이고 또 사회과학과 정치학의 학도였다(문학·과학적 재능이 별로 없었던 인물인 스탈린조차도 마르크스와 레닌의 후계자로서의 정통성을 증명하기 위해 책을 저술하지 않을 수 없었다. 적어도 그의 이름으로 책을 발간하지 않을 수 없었다). 그러나 현실적으로 스탈린 지배하에서는 사회주의의 이 측면이 완전히 변질됐다. 소비에트 연방 체제를 과학적 분석의 주제로 삼을 수 없기 때문에, 소비에트 연방의 과학자들은 그들 체제의 변명자가 되어 버리고, 생산·분배·조직 등에 대한 기술적 문제에 대한 한정된 과학적 활동만을 하였다.

마르크스에게 있어 진실은 사회적 변혁을 불러일으키는 무기지만, 프로이트에게 있어 그것은 개인적 변혁을 불러일으키는 무기이다. '자각'이 프로이트의 요법에서는 주요 작용을 한다. 프로이트가 발견한 것처럼 환자가 자기의 의식적 사고의 허구적 성격을 통찰하여 그 사고의 배후에서 현실을 파악하면, 즉 그가 무의식을 의식화하면, 자기의 비합리성을 극복하고 자기를 개혁할 만한 힘을 획득할 수 있는 것이다. "이드가 있는 곳에 자아가 있게 하라"고 말한 프로이트의 의도는, 허구를 분쇄하고 현실에 눈 뜨려고 하는 이성의 노력에 의해서만 비로소 실현된다.

모든 치료 형식 중에서 정신분석에 독자성을 부여하는 것은 바로 이 이성과 진실의 기능인 것이다. 환자 분석의 하나하나가 새로운 독자적 모험이며 탐구이다. 물론 일반적으로 적용할 수 있는 이론이나 원리가 존재하는 것도 사실이지만, 개개의 환자에게 잘 맞으며 그에 의해 환자를 도울 수 있는 형(型)이나 공식은 없다. 마르크스에게 있어 정치적 지도자는 사회과학자가 아니면 안 되었던 것처럼, 프로이트에게 있어

치료자는 연구를 할 수 있는 과학자가 아니면 안 된다. 두 사람에게 있어 진실은 각 사회나 개인을 개혁하기 위한 불가결한 수단이다. 즉 자각은 사회적 · 개인적 치료의 열쇠인 것이다.

"어떤 상황에 대한 환상을 버리고 싶다는 소망은, 환상을 필요로 하는 상황을 버리고 싶다는 소망이다"라는 마르크스의 말은 프로이트가 그렇게 말했다고 해도 이상할 게 없다. 두 사람 다 인간을 환상의 기반으로부터 해방시켜 인간을 눈 뜨게 하고 자유로운 인간으로서 행동할 수 있게 하려 한 것이다. 두 사람의 체계에 공통된 제3의 기본적인 요소는 휴머니즘이다. 즉 인간 한 사람 한 사람이 인류의 전부를 대표한다는 의미에 서의 휴머니즘이다. 그러므로 인간적인 것이면 그들에게 있어 하나도 연관 없는 것이 없다. 마르크스는 볼테르, 레싱, 헤르더, 헤겔, 괴테 등을 가장 뛰어난 대표자로 하는 이 전통에 뿌리를 내리고 있었으며, 프로이트는 그 휴머니즘을 우선 그의 무의식이라는 개념 속에서 제시했다.

그는 모든 인간이 같은 무의식적 충동을 공유한다고 생각했기 때문에, 무의식의 하층으로 파고들기만 하면 서로 이해할 수 있다고 믿었던 것이다. 이리하여 환자의 무의식적 공상을 분개하거나 비난하는 듯한 기분을 갖거나 어이없어하지 않고 조사할 수 있게 되었으며, '꿈이 만들어지는 재료'나 무의식의 세계 전부가 연구의 대상이 되었다. 이렇게 된 것은 바로 프로이트가 이러한 연구의 인간적 · 보편적 성격을 깊이 인식하였기 때문이다.

회의와 진실의 힘과 휴머니즘과는 마르크스와 프로이트의 작업의 지도적 · 추리적 원리이다. 이 서장에서 지금까지 두 사람의 사상이 생장한 공통된 토양에 대해 설명해 왔는데, 양 체제에 공통된 또 하나의 측면을 간과할 수는 없다. 그것은 현실에 대한 그들의 역동적 · 변증법적 접근방법이다. 이 문제를 다루는 일이 특히 중요한 까닭은, 앵글로・색슨 여러 국가에서는 헤겔 철학이 오랫동안 맹점으로 되어 있었으므로, 마르크스와 프로이트의 역동적 접근방법이 쉽게 이해될 수 없기 때문이다. 그러므로 심리학의 영역과 사회학의 영역 쌍방에서 몇 개의 예를 들면서 이 점에 대해 설명해 보겠다.

세 번 결혼한 사나이가 있다고 가정하자. 그 패턴은 언제나 똑같다. 그는 아름다운 여자와 사랑에 빠져 결혼하는 얼마 동안 매우 행복해 한다. 이윽고 그는 아내가 거만스럽고 자기의 자유를 속박한다고 불평하기 시작한다. 다툼과 화해를 되풀이한 후에 그는 또 다른 여자와 사랑에 빠진다—그 사나이는 아내와 이혼하고, 제2의 '멋진 연인'과 결혼한다. 하지만 약간의 차이가 있을 뿐, 다시 똑같은 경과를 되풀이하여 비슷한 타입의 여자와 사랑에 빠지고, 다시 이혼하여 제3의 '멋진 연인'과 결혼한다. 다시 같은 경과를 거쳐 제4의 여자와 사랑에 빠진다. 이번이야말로 진정한 사랑이라 믿고(지금까지도 그때마다 그렇게 믿었던 것을 잊어버리고) 그 여성과 결혼하고 싶어한다. 그런데 이 마지막 여자가, 그와 결혼하면 잘 돼 나가겠느냐고 묻는다면 우리는 뭐라고 대답할 것인가? 이 문제에는 몇 가지의 접근방법이 있다. 첫째는 완전히 행동론적인 것이다. 이 접근법은 과거의 행동으로 장래의 행동을 예측하는 것이다.

그는 이미 세 번이나 아내와 헤어졌으므로 네 번째도 반드시 그렇게 하리라. 그러므로 그와 결혼하는 일은 위험하다—는 게 그 논법이다. 이 접근법은 경험적이고 착실하며 그 나름의 가치가 있다. 그러나 이 소녀의 어머니가 이 접근법을 사용했을 경우에, 딸의 주장에 대해 대답을 하지 못할 수도 있다. 그것은 그가 세 번이나 똑같이 행동한 것은 틀림없는 사실이지만, 이번에도 또 그렇게 하리라고는 장담할 수 없다는 주장이다. 이 반론이 보여 주는 바와 같이 그는 변할지도 모른다—어떤 인간이 변화하지 않는다고 누가 단언할 수 있겠는가. 혹은 또 그와 이혼한 여성들은 깊이 사랑할 만한 인물이 아니었다는 것이 사실일지도 모른다. 마지막으로 나타난 자기야말로 그의 다시없는 배필인 것이다. 이러한 추론에 대해 승부를 겨룰 만한 유력한 주장을 어머니는 갖고 있지 않다. 사실 어머니는 사나이와 만나, 딸과 아주 정답게 지내는 것을 보고, 또 그가 매우 진지하게 애정에 대해 얘기하는 것을 들으면 잠시도 지탱하지 못하고 생각을 바꾸어 딸의 편을 들게 된다.

이 어머니와 딸의 문제에 대한 접근방법은 어느 쪽이나 역동적이 아니다. 그녀들은 과거의 행위나 현재의 언동에 의거하여 장래를 점치려 하지만, 그 예언이 억측보다 낫다는 보증은 없다.

이에 반해, 역동적 접근이란 어떤 것인가? 이 접근법의 중요한 점은 과거나 현재의 행동의 이양에만 구애되지 않고, 과거 행동의 형을 낳은 힘을 이해하는 데 있다. 이 힘이 아직 남아 있으면 네 번째의 결혼도 과거의 경우와 같은 결말을 가져오리라는 예상을 할 수 있다. 또 한편으로 그의 행동의 원인이 되어 있는 힘이 변화하면 과거의 행동이 어떠했든 다른 과정을 나타낼 가능성 혹은 개연성이 인정된다. 여기서 말하는 힘이란 무엇인가?

그것은 결코 애매하고 의심스러운 것이 아니며, 추상적 사변의 지나친 표현도 아니다. 그것은 적당한 방법으로 인간의 행동을 연구하면 경험적으로 인지할 수 있는 것이다. 이를테면 그 사나이는 어머니와의 결합을 끊지 않고 있다고 추측할 수도 있다. 그 사나이는 매우 자기애적인 인간이어서 자신의 사나이다움에 대해 깊은 의혹을 품고 있는지도 모른다. 말하자면 큰 어린아이와 같은 격이어서 언제나 칭찬과 애정을 필요로 하는 것이다. 그래서 이 필요를 충족시켜 줄 여성을 찾지만 일단 정복하면 그만 싫증을 내버린다. 그리고 자기의 매력을 서로 시험해 보고자 한다. 그렇기 때문에 그것을 보증해 줄 또 다른 여성을 찾지 않으면 안 된다. 그는 실은 여성에 대해 의존적이고 동시에 두려움을 느끼는 것이다. 그 때문에 친밀한 상태가 조금이라도 길어지면 감금 또는 구속되는 듯이 느끼기 시작한다. 여기서 작용하는 힘이라는 것은, 그의 자기애 · 의존성 · 자기불신이며, 이러한 것이 이상에서 설명한 바와 같은 행동으로 향하는 욕구를 낳는 것이다. 이러한 힘은 이미 설명한 바와 같이 결코 추상적인 사변의 결과가 아니다. 그것은 여러 가지 방법으로 관찰할 수 있다. 즉 꿈이나 자유 연상이나 공상을 추구한다든지, 얼굴 표정이나 행위, 말투에 주의한다든지, 그 밖의 방법에 의하는 것이다. 하지만 직접적으로 눈에 보이는 것으로서가 아니라 추론에 의하는 수밖에 없는 경우도 많다. 그때 이 힘은 이론 속에서만 확인되며 위치와 의미를 가질 뿐이다.

가장 중요한 것은 이러한 힘이 그대로는 인식되지 않을 뿐만 아니라, 그 사람의 의식적 사고와 서로 모순되어 있는 점이다. 그는 여자를 영구히 사랑하리라고 마음으로부터 확신하고, 자기는 의존적이 아니다, 자기는 용감하며 자신이 있다고 생각한다. 그러므로 일반 사람들은 이렇게 생각한다. 어떤 사나이가 어떤 여성을 사랑한다고 스스로 정직하게 느끼고 있는데 '모친고착'이니, '자기애'니 하는 가공적 존재물을 들고 나와 이 사나이가 그녀와 조만간 헤어지게 되리라고 어떻게 예언할 수 있겠는가? 인간의 눈이나 귀는 그런 추론보다도 훨씬 훌륭한 심판자가 아닌가, 라고.

마르크스 사회학에 있어서도 문제는 똑같다. 여기서도 처음에 한 가지 예를 드는 게 좋으리라 생각한다. 독일은 두 번의 전쟁을 일으켰다—한 번은 1914년에, 또 한 번은 1939년에. 그리하여 서유럽 여러 나라들을 점령하고, 러시아를 격파하는 데 거의 성공했다. 개전 당초의 승리 후에 독일은 두 번 다 합중국의 압도적 전력 때문에 큰 타격을 입었다. 그때마다 독일 경제는 완전히 쇠락했지만 이것 역시 두 번 다

급속히 회복하여 전후 5년 내지 10년 만에 전쟁 전과 같은 정도의 경제력・군사력을 보유하기에 이르렀다.

1914년부터 1918년까지의 전쟁 때와는 비교가 안 될 만큼 괴멸적 패배를 당한 지 아직 15년 정도밖에 안 된 오늘날 독일은 다시금 유럽에서(소비에트 연방에 이어) 최강의 공업 국가・군사 국가가 되어 있다.

독일은 옛 영토의 상당 부분을 잃었지만 그 어느 때보다도 번영하고 있다. 현재의 독일은 민주주의 체제를 수용하고 소규모의 육・해・공군을 가지고 있으며, 옛 영토에 대한 반환 요구는 단념하고 있지 않지만 그것을 무력으로 탈환할 생각은 없다고 언명하고 있다. 더욱이 이 신생 독일은 소비에트 연방이나 서유럽 여러 나라들의 소그룹으로부터는 의혹의 눈초리로 보이고 두려움의 대상이 되고 있다. 이 나라들의 추론에 의하면, 독일은 두 번 이웃 나라를 공격하고 두 번 패배했음에도 불구하고 재군비를 했다. '새로운' 독일의 장관들은 히틀러에게 협력한 사람들과 같은 장관들이다. 독일은 제3의 시도를 할 것이다. 이번에는 옛 영토를 탈환하기 위해 소비에트 연방을 습격할 것이다—라는 것이다. 이와 같은 논의에 대해 NATO의 지도자들이나 세론의 대부분은, 이러한 의혹이 부당하며 실은 전혀 공상적인 것이라고 대답한다.

지금 있는 것은 새로운 민주주의적 독일이 아닌가. 그 지도자들은 평화를 바란다고 언명하고 있지 않는가. 독일의 군대는 매우 소규모(12사단)이므로 어떤 나라의 위협이 될 수는 없지 않는가—하는 것이 그 이유이다. 독일 정부의 발언을 듣고(그것이 진실을 말하는 것으로 보고), 현재의 독일 전력을 살펴보는 한, NATO의 주장이 전적으로 정당한 것처럼 생각된다. 독일인이 이전에 전쟁을 도발했으므로 이번에도 그렇게 하리라는 예언은, 독일이 완전히 변화했을지도 모른다는 논의를 부정하여야만 비로소 성립된다. 여기서도 앞에서 설명한 심리학적인 실례의 경우와 마찬가지로, 독일 발전의 배후에 작용하는 여러 힘을 분석함으로써 비로소 우리는 억측의 영역을 벗어날 수가 있는 것이다.

서구 공업 체제 속에서 후진국인 독일은 1871년 이후로 눈부신 발전을 이룩하기 시작했다. 1895년에 철강 생산고는 이미 영국의 철강 생산고를 바싹 따라붙었다. 그 후 1914년까지 독일은 영국과 프랑스를 훨씬 앞질렀다.

독일은 극히 효율이 좋은 기계를 소유하고(성실하고 근면한, 교육받은 노동자 계급의 폭넓은 지지를 받고) 있었지만, 원료가 불충분하고 식민지도 적었다. 그래서 그 경제적 잠재세력을 활용하기 위해서는, 유럽이나 아프리카에서 원료가 풍부한 영토를 확대할 필요가 있었다. 동시에 프러시아의 전통에 의해 규율, 충성, 군의 헌신과 같은 오랜 전통의 장관 카스트(세습적 계급제도)가 독일에 생겨났다. 원래 영토 확장에의 맹아를 지니고 있던 공업적 잠재 세력은 이 군대적·세습적 계급제도의 힘이나 야심과 결부되어 일종의 폭발 혼합물이 되었으며, 그것이 독일을 1914년에 최초의 전쟁이라는 모험으로 몰아붙인 것이다. 베트먼 홀베크에 이끌린 독일 정부가 스스로는 전쟁을 지향하지 않았지만 군부에 의해 전쟁을 강요당했으며, 개전 후 3개월째에는 이미 독일 중공업과 큰 은행의 대표자들로부터 정부에 제시된 전쟁 목적을 받아들이게 하였다. 이 전쟁 목적은 19세기 이래로 공업가 단체의 정치적 첨병인 전 독일 협회에 의해 요구되던 것과 거의 같은 것이었다. 즉 프랑스·벨기에·룩셈부르크의 석탄, 철강 자원, 아프리카 식민지(특히 카탕가주) 및 동양의 영토가 그 목적이 되었다.

독일은 전쟁에 졌지만, 같은 공업가나 군인은 그대로 자기들의 세력을 유지했다. 또 한때는 그 세력을 위협하는 것처럼 생각된 혁명을 경험했지만, 1930년대가 되자 독일은 다시금 1914년 이전에 유지하고 있던 우세한 상태로 회복했다. 하지만 이 때 경제대공황으로 6백만 명의 실업자가 생겨나고, 자본주의 체제 전체가 위기에 빠졌다. 더욱이 그것은 사회주의나 공산주의자가 국민 투표의 과반수를 점할 가능성이 있는 정세였다. 한편으론 나치가 자칭 반(反)자본주의적 정강을 내세워 수백만의 인원을 모았다.

그래서 공업가 · 은행가 및 장관들은 좌익정당과 노동조합을 분쇄하고 새로이 강대한 군대와 국가주의적 정신을 이룩해야 한다는 히틀러의 제창을 받아들였다. 그리고 그와 교환조건으로 히틀러는 자기의 민족계획을 실시하는 일을 허용받게 되었다. 동맹을 맺은 공업가나 군부가 반드시 이 계획에 호의를 보인 것은 아니지만, 어느 쪽이나 그다지 적극적으로 반대하지 않은 것이다. 공업가와 군대에게 위협이 될 가능성이 있던, 나치의 유일한 무력이었던 돌격대는 그 지도자들이 1934년에 대량 모살로 괴멸되었다.

히틀러가 의도하는 바는 1914년에 루덴도르프가 기도한 것과 같은 프로그램을 실시하는 일이었다. 이번에는 장군들이 전쟁계획에 별로 마음이 당기지 않았다. 하지만 서유럽 각국 정부의 호의적 견해도 있어, 히틀러는 그의 탁월한 재능과 그 군사계획의 정당성을 장군들에게 주지시킬 수가 있었다. 이리하여 그는 1939년의 전쟁에 대한 장군들의 지지를 획득했다. 그 목적은 1914년에 카이젤이 뇌리에 그린 것과 같은 것이었다. 서유럽은 1938년까지는 히틀러에게 동정적이었으므로 그의 민족적 · 정치적 박해에 대해서도 귀찮게 항의하지 않았지만, 그가 절도를 잃고 영국과 프랑스를 전쟁에 끌어들이자 상황은 일변했다. 그때 이후로 히틀러에 대한 싸움은 독재주의에 대한 싸움이 되었다. 한편 그것은 1914년의 전쟁이 그랬던 것처럼, 서유럽 세력의 경제적 · 정치적 지위를 겨냥한 공격에 대한 싸움이기도 했던 것이다.

패전 후에 독일은 제2차 세계대전이 나치의 독재주의에 대한 싸움이었다는 전설을 이용했다. 최고의 요직에 있던 유명한 나치 지도자를 독일 자체로부터 떼어 내고(유대인과 이스라엘 정부에 대해 상당한 금액을 배상으로 지불하고), 새로운 독일은 황제의 그것, 히틀러의 그것과는 전혀 다른 것이라고 주장하였다. 그러나 사실상 근본적인 상황은 변화하지 않았다. 독일 공업은 오늘날 제2차 세계대전 전과 마찬가지로 강대하며, 영토가 약간 축소된 점이 다를 뿐이다.

귀족 지주는 동프러시아에서 그 경제적 기반을 잃었지만, 독일 군인 계급은 아직도 건재하다. 1914년과 1939년에 존재했던 독일의 영토 확장주의는 지금도 여전히 뿌리가 튼튼하다. 더욱이 이번에는 더욱 강력한 정서적 역동의 뒷받침이 있다. 즉 '약탈된' 영토에 대한 반환 요구의 외침이 그것이다.

독일의 지도자들은 많은 것을 배웠다. 그래서 이번에는 미합중국과 손을 잡고 출발한다. 제일 강력한 서유럽 세력을 가상 적국으로 보지 않고, 이번에는 서유럽의 모든 나라들과 협력하여 새로운 유럽 연방의 지도적 세력으로 발돋움할 절호의 기회를 맞았다. 왜냐하면 독일이 이미 경제적·군사적으로 최강 세력이 되어 있기 때문이다.

독일이 리드하는 새로운 유럽은 옛 독일과 마찬가지로 영토 확장주의자가 될 것이다. 또 옛 독일 영토의 회복을 바라는 나머지 평화를 위협하는 일도 있을 수 있다. 그렇다고 해서 나는, 독일이 전쟁을 바라고 있다, 특히 핵전쟁을 바란다고 말하려는 것은 아니다. 내 말의 의미는 새로운 독일이(전쟁을 하지 않고 그것이 실현될 경우의 얘긴데) 압도적인 힘의 위협 자체에 의해 목적을 달성하려 한다는 것이다[3]. 하지만 이러한 기도는 전쟁을 유발할 위험성이 있다. 왜냐하면 독일이 점차 강대해져가는 것을 소비에트 연방 블록 측이 팔짱을 낀 채 잠자코

3) 아데나워는 1952년 3월 6일의 라디오 인터뷰에서 다음과 같이 말했다. "일단 서쪽이 강대해지면, 그것이 진정한 평화교섭의 출발점이 되어, 소련뿐만 아니라 철의 장막 동쪽에 있는 노예화된 유럽 전체의 해방이라는 목표를 향하게 될 것이다."

바라보고만 있을 리가 없기 때문이다—마치 1914년과 1939년에 영국과 프랑스가 잠자코 바라보고만 있지 않았던 것처럼.

되풀이해 말하지만, 여기서 중요한 것은 25년 동안에 두 번의 전쟁을 겪으며, 또 한 번의 전쟁이 일어날 위험성이 있는 경제적·사회적·정서적인 힘이 작용한다는 점이다. 누가 전쟁을 바라는 게 아니라, 이 힘이 사람들의 배후에서 작용하여 일정한 발전과정을 거치게 한 다음 전쟁을 발생시키는 것이다. 그러므로 이 힘을 분석함으로써 비로소 우리는 과거를 이해하고 미래를 점칠 수가 있다. 현상을 그대로 관망하고만 있어서는 안 된다.

마르크스나 프로이트보다 앞서 선구자는 있었지만, 두 사람만이 다 그 주제를 처음으로 과학적 정신으로 파악한 사람들이다. 그들은 사회에 대해, 또 개인에 대해서, 각각 생리학이 살아 있는 세포에 대해, 이론 물리학이 원자에 대해 이룬 것과 같은 일을 성취시킨 것이다.

마르크스는 사회를 서로 모순되고는 있지만 검증할 수 있는 여러 가지의 힘으로 성립되는 착잡한 구조물로 보았다. 이러한 힘에 대한 인식은 과거의 이해를 돕고 어느 정도까지 미래의 예언을 가능케 한다. — 그것은 필연적으로 어떤 사건이 일어난다는 뜻이 아니라, 인간이 어느 하나를 선택하지 않으면 안 되는, 어떤 범위에서의 양자택일이 존재한다는 의미에서의 예언이다.

프로이트는 정신적 존재로서의 인간이 여러 힘으로 이루어진 구조물이라는 것, 그 힘의 대부분은 서로 모순되며 에너지를 안고 있는 것을 발견했다. 여기서도 중요한 것은, 이들 여러 힘의 질이나 강도, 방향을 이해함으로써 과거를 이해하고 장래에의 양자택일을 예언한다는 과학적 작업이다. 이 경우도 변혁은 주어진 힘의 구조가 허용하는 범위에서만 가능하다. 나아가서 주어진 구조의 내부적 에너지를 변화시킨다는 의미에서의 진정한 변혁은, 이 힘과 그것을 움직이는 법칙과의 깊은 이해뿐만 아니라 커다란 노력과 의지를 필요로 하는 것이다.

마르크스와 프로이트의 사상이 생장한 공통된 토양으로서 열거한 마지막 요소는 휴머니즘과 휴머니티의 개념이었다. 그것은 유대교·기독교의 전통 및 그리스·로마의 전통에 원류를 갖고, 르네상스에 의해 유럽의 역사에 새로운 발자취를 남겼으며, 18세기와 19세기에 크게 개화했다.

르네상스의 인도주의적 이상은 전적으로 보편적 인간(homo universale)의 개화였다. 그리고 그것은 자연진화의 최고 구현으로 생각되었다. 프로이트는 사회적 관습의 힘에 대항하는 인간의 자연적 충동의 권리를 옹호하고, 이성이 이들 충동을 통어하며 고귀하게 한다는 이상을 갖고 있는데, 그것은 휴머니즘 전통의 일부를 형성하는 것이다. 또 마르크스는 경제에 종속되기 때문에 인간이 이지러지는 사회 질서에 항의하고, 또 전적으로 소외되지 않은 인간의 완전한 개화를 이상으로 삼았는데, 이것 역시 인도주의적 전통의 일부이다.

프로이트의 시야는, 인간의 욕구를 본질적으로 성적인 것이라고 해석하는 원인이 된 기계론적·물질주의적 철학에 의해 좁혀져 있었다. 그러나 마르크스의 시야는 더 넓었다. 그 까닭은 아마 계급 사회가 사람을 불구화하는 작용을 꿰뚫어 보았기 때문이리라. 그래서 불구화된 인간이나 사회가 완전히 인간적으로 되었을 때 생겨나는 인간의 발전 가능성에 대한 통찰력이 있었던 것이다.

프로이트는 자유주의적 개혁자였지만, 이에 반해 마르크스는 급진적 혁명론자였다. 그들은 서로 다른 점이 있었지만, 똑같이 인간을 해방시키려는 불굴의 의지와, 해방의 수단으로서의 진실에 대한 강인한 신뢰감을 갖고, 또 이 해방을 위한 조건은 환상의 기반을 단절하는 인간의 능력에 있다는 신념을 함께 가졌던 것이다.

3. 인간과 그 본성

모든 인간이 같은 해부학적 · 생리학적인 기초적 특성을 갖추고 있다는 것은 주지의 사실이다. 의사는 누구나 자기의 동료에게 사용한 것과 같은 방법을 인종이나 피부의 색깔과는 관계없이 모든 인간에게 적용할 수 있다고 생각한다. 하지만 인간은 정신구성까지도 똑같이 되어 있는 것일까? 즉 공통된 인간성을 모든 사람이 가지고 있는 것일까? '인간성'이라는 하나의 실체가 존재하는 것일까?

이 물음은 결코 순수히 학문적인 것은 아니다. 만약 인간의 기본적인 정신구조가 서로 다른 것이라면 어떻게 생리학적 · 해부학적인 것 이상의 의미로 휴머니티에 대해 논할 수 있겠는가?

'이방인'이 근본적으로 우리와 다르다면 어떻게 우리가 그들을 이해할 수 있겠는가? 우리 모두가 같은 인간성을 가지고 있지 않다면 어떻게 우리는 전혀 다른 문화의 예술이나 신화나 드라마나 조각을 이해할 수 있겠는가?

휴머니티와 휴머니즘의 개념 전부는 모든 인간이 나누어 갖고 있는 인간성이라는 이념 위에 성립한다. 이것은 불교도의 전제이기도 하고, 유대 · 기독교적 사상의 전제이기도 하다. 불교는 실존주의적 · 인간학적인 용어로 하나의 인간상을 마련하여, '인간의 상황'이 우리 모두에게 있어 동일하므로 같은 심적 법칙이 모든 인간에게 타당한 것이라고 주장했다. 우리는 모두 각자의 자아가 각기 별개의 것이고 확고부동한 것이라는 환영 밑에서 살고 있으며, 고유한 '나'를 포함하는 여러 가지 사물에 집착하는 격렬한 욕망 때문에 존재의 문제에 대한 해답을 얻으려 한다. 우리는 모두 생에 대한 이런 종류의 해답이 거짓된 것이기 때문에 번민한다. 그러므로 진정한 해답을 얻음으로써만이, 즉 고립된 환영을 타파하고 탐욕을 넘어서 우리의 존재를 지배하는 근본적 진리에 눈뜸으로써만이 번뇌를 해탈할 수 있다고 불교는 주장한다.

유대・기족교적 전승은 최고의 창조주이며 지배자인 신을 바탕으로 하여 만들어져 있기 때문에, 인간을 이와는 다르게 정의했다. 한 명의 남자와 한 명의 여자가 온 인류의 조상이며, 이 조상이나 그 자손들은 모두 '신과 비슷하게' 만들어져 있다. 그들은 모두 그들을 사람이 되게 하는 공통된 기본적 특성이 있으며, 그에 의해 서로 인식하고 사랑할 수 있는 것이다. 이것이 구제의 날, 즉 온 인류의 합일을 예언하기 위한 전제로 되어 있다.

철학자 중에서 근대적 역동 심리학의 아버지였던 스피노자는 인간의 본성이라는 것을 인정하고, 이것을 '인간성의 범형'이라는 말로 나타냈는데, 그것은 확인할 수 있고 정의할 수 있는 것이다. 그리고 인간의 행동이나 반응의 여러 법칙은 여기서 이끌려 나온다. 이런저런 문화권에 속할 따름인 사람이라는 것을 넘어서 인간이라는 것은 하나이므로, 자연의 존재를 이해하는 것과 마찬가지로 인간을 이해할 수 있는 것이다. 그리고 같은 법칙이 우리 모든 사람에 대해, 또 어느 시대에나 해당된다. 18세기와 19세기의 철학자(특히 괴테와 헤르더)는, 인간에게 고유한 휴머니티가 인간을 보다 높은 발전 단계로 이끌어 간다고 믿었다, 각 개인은 자기 자신 속에 단지 개성뿐만 아니라 모든 가능성을 포함하는 인간성의 전부를 지니고 있다고 그들은 믿었다. 그 생각에 의하면 인생의 과제란 개성을 통해 전체성으로 발전하는 것이다. 그러므로 그들은, 인간성의 목소리는 각자에게 원래 주어져 있으며, 모든 인간 존재에 의해 이해되는 것이라고 믿었던 것이다[1].

오늘날 인간성이니 인간의 본질이니 하는 이념에 대한 평가는 하락하고 있다. 그것은 '인간의 본질'이라는 형이상학적·추상적 용어에 대해 세상 사람들이 회의적으로 된 때문이기도 하지만 또 불교도, 유대·기독교도, 스피노자주의자, 계몽주의 사상 등을 지탱하고 있던 휴머니티의 체험을 잃어버렸기 때문이기도 하다. 현대의 심리학자·사회학자는 인간을 한 장의 백지로 보고, 그 위에 각 문화가 본문을 쓰는 것이라고 생각하려 한다. 그들은 인류가 하나라는 것을 부정하지는 않지만, 이 인간성이라는 개념에 거의 내용과 실질을 부여하지 않았다. 이러한 현대의 동향과는 반대로, 마르크스와 프로이트는 인간의 행동을 정확히 이해할 수 있다는 가정 위에 서 있었다. 왜냐하면 그것은 인간, 즉 그 정신적 특질에 의해 규정되는 한 종속의 행동이기 때문이다.

마르크스는 인간의 본성이라는 것이 건재함을 의심하지 않았는데, 그것을 개개 인간성의 나타남과 혼동하는, 흔히 있는 과오에는 빠지지 않았다. 그는 '보편적 인간성'과 '각각의 역사적 시기에 수식된 형태로 나타난 인간성'을 구별했다. 보편적 인간성이라는 것을 직접 눈으로 볼 수 없음은 말할 것도 없다. 우리가 보는 것은 항상 여러 가지 문화 속에서 인간성의 특수한 표현 형태이다. 그러나 이러한 여러 가지 표현 형태로부터 이 '보편적 인간성'이란 어떤 것이고, 그것을 지배하는 법칙은 어떤 것이며, 인간이 인간으로서 갖는 요구는 어떤 것인가를 추론할 수 있다.

---

1) H. A. 코르프, 《괴테 시대의 정신》; H. A. Korff, Geist der Gothezeit(Leipzig; Kohler and Amelang) 및 오스카 세들린, 《독일 비교문학론집》; Oscar Seidline, Essays in German Comparative Literature(University of North Carolina press) 중 괴테, 〈이피게니에와 인간의 이상〉에 관한 뛰어난 논문을 참조할 것.

마르크스도 그의 초기 저작에서는 아직 '보편적 인간성'을 '인간의 본질'이라 불렀다. 그는 후에 '인간의 본질이라는 것이 각기 다른 개인에 내재하는 추상 개념이 아님'을 분명히 하기 위해 이 용어를 사용하지 않았다. 마르크스는 인간의 본질이라고 할 경우에 비역사적인 실체를 상정하고 있는 듯한 인상을 준다는 이유로, 이것을 피하려 한 것이다. 마르크스에게 있어, 인간의 본성이란 하나의 주어진 가능성, 일련의 조건, 또는 인간이라는 소재 이외의 아무것도 아니며, 그것은 그것대로 변화하지 않는 것이다, 이것은 마치 인간 뇌 크기나 구조가 유사 이래로 불변인 것과 흡사하다. 그런데도 인간은 역사가 전개됨에 따라 변화한다. 인간은 역사의 산물이며, 역사가 계속되는 한 스스로를 변형시키고, 잠재적으로 가지고 있던 것을 실현한다. 역사는 인간 자신이 태어났을 때 주어진 가능성을—노동과정에서—차례로 펼침으로써 스스로를 만들어 가는 과정이다. "세계 역사라고 불리는 것은 모두 인간의 노동에 의한 인간의 창조 이외의 아무것도 아니다. 즉 그것은 인간의 본성의 발로이다. 그리고 자기 자신의 기원을 스스로 창조했다는 명백하고 움직일 수 없는 증거가 있는 것은 이 때문이다"라고 마르크스는 말한다.

마르크스는 두 개의 입장에 반대한다. 즉 인간의 본성은 유사 이래로 존재하는 실체라는 비역사적 입장과, 인간성이라는 것은 선천적인 자질 따위가 아니라 단지 사회적 조건의 반영에 지나지 않는 다는 상대론적 입장이다. 하지만 그는 비역사적 입장과 상대론적 입장을 넘어서, 그 자신의 인간의 본성에 관한 이론을 완성시키기에는 이르지 못했다. 그 때문에 그는 여러 가지의 서로 모순된 해석을 받게 된 것이다.

그럼에도 불구하고 그의 인간 개념으로부터 인간의 병태와 건강에 대한 명확한 이념을 얻을 수가 있다. 즉 정신적 병태가 중요하게 나타남으로써 마르크스는 불구화된 인간과 소외된 인간을 들고, 정신적 건강의 병태가 주요하게 나타남으로써 활동적·생산적이며 자립한 인간을 든다. 이러한 생각에 대해서는, 마르크스와 프로이트의 인간의 동기에 대한 개념을 논한 다음에 다시 한번 언급하기로 하자.

그러나 여기서는 우선 프로이트의 견해에서 볼 수 있는 인간성의 개념으로 되돌아가지 않으면 안 된다. 그의 연구 주제가 인간으로서의 인간이었다는 것, 스피노자의 말에 따르면 프로이트가 '인간성의 범형'을 구축했다는 것은, 그의 학설에 익숙한 사람들에게는 거의 자명한 사실이다. 이 범형은 19세기의 물질주의적 사상의 정신으로 만들어져 있었다. 인간은 '리비도'라고 불리는 거의 일정한 양의 성적 에너지에 의해 움직여지는 하나의 기계로 보여진다. 이 리비도는 굉장한 긴장을 불러일으키며, 신체적 해방을 수반하는 행위에 의해서 비로소 저하된다. 이 고통스런 긴장으로부터의 해방을 프로이트는 '쾌락'이라고 불렀다.

긴장이 저하된 후에, 리비도에 의한 긴장은 신체적 화학현상에 의해 다시금 증대되며, 긴장의 감퇴, 즉 쾌락을 충족시키기 위한 새로운 욕구를 발생시킨다. 긴장으로부터 긴장의 완화를 거쳐 다시 새로운 긴장으로 향하는, 고통으로부터 쾌락을 거쳐 고통으로 향하는 이 역동을 프로이트는 '쾌락 원칙'이라 불렀다. 그리고 그것을 '현실 원칙'과 대비시켰다. 후자는, 인간이 자기 보존을 도모하기 위해서는 자기가 사는 현실 세계 속에서 무엇을 구하고 무엇을 피하면 좋은가를 가르쳐 준다. 더욱이 이 현실 원칙은 흔히 쾌락 원칙과 저촉된다. 그러므로 양자 사이에 일정한 평형을 유지하는 일이 심적 건강을 얻기 위한 조건이 되며, 이 양 원칙 중의 어느 한쪽이 밸런스를 잃으면 신경증적 내지는 정신병적 징후가 나타나는 것이다.

4. 인간의 진화

프로이트는 마르크스와 마찬가지로 인간의 발달을 진화론적인 견지에서 내다보았다. 개인의 발달을 생각할 경우, 프로이트는 중심적 추진력인 성적 에너지 자체가 진화를 이룩하고, 탄생으로부터 사춘기로 각자가 생육함에 따라 변천하는 것이라고 생각한다. 리비도는 일정한 단계를 경과한다. 그것은 우선 유아가 빨고 무는 행위의 주변에 모인다. 이어 항문이나 요도의 배설행위의 주변에, 마지막으로 성기 주변에 모인다. 리비도는 불변이지만, 각자의 생활사의 도중에서 다른 양상을 나타낸다. 잠재 세력은 동일하지만 표현 형태가 개인의 진화과정에서 변화하는 것이다.

인간의 발달에 대한 프로이트의 견해는, 다른 점은 별도로 하고, 두세 가지 점에서 개인의 발달 그것과 매우 비슷하다. 원시인이란 자기의 모든 본능에, 따라서 원시적 성욕의 일부를 이루는 도착본능에까지도 완전한 만족을 주는 인간이라고 그는 생각한다. 그러나 본능을 완전히 만족시킨 이러한 원시인은 문화나 문명의 창조자가 될 수 없다. 아무튼 인간은 프로이트가 밝힐 수 없었던 이유로 문명을 만들기 시작한다. 이 자신의 창조물 자체를 위해 인간은 본능의 직접적이고 완벽한 만족을 단념하지 않을 수 없게 된다. 그리하여 욕구 불만에 빠진

본능은 성적(性的)이 아닌 정신적 에너지로 바뀐다. 이것이 문명의 초석이 된다(성적인 에너지로부터 성적이 아닌 에너지로의 이 전환을 프로이트는 '승화'라고 불렀다.). 문명이 발전됨에 따라 인간은 승화의 도를 높이는데, 인간 본래의 육욕 충동은 더욱더 욕구불만을 증대시킨다. 그리고 지식과 교양을 늘리는 한편, 어떤 의미에서 원시인보다 불행해지고, 지나친 욕구불만의 소산인 신경증에 걸리기 쉽게 된다. 이리하여 인간은 스스로 만들어 낸 문명에 불만을 품기에 이른다. 역사의 발전은 긍정적인 형상이긴 하지만, 문명의 산물이라는 관점에서 보면 불만의 증대와 신경증에의 가능성 증대를 내포하는 발전이기도 하다.

프로이트 역사 이론의 또 하나의 측면은 '오이디푸스 콤플렉스'와 결부된 것이다. '토템과 터부'에서 그는 원시시대로부터 문명시대에의 결정적인 제일보가 '아버지에 대한 아들의 반항, 미운 아버지 살해'에 있다는 가설을 세웠다. 아들들은 이어 경쟁자 사이에 그 이상의 살해가 일어나지 않도록 하고 도덕성의 확립을 요구하는 계약을 기초로 하는 사회조직을 만들게 된다. 어린아이의 진화도 프로이트에 의하면 같은 도정을 밟는다. 5, 6세의 어린아이는 아버지에게 심한 질투를 품고, 거세 공포 때문에 겨우 아버지에 대한 살의를 억압한다. 그리고 지속적인 공포에서 벗어나기 위하여, 그는 근친상간의 터부를 내면화하며, 이윽고 그 주위에 '양심'이 성장해 갈 핵을 형성한다. 나아가서 다른 권위나 사회로부터 발해진 금지나 명령이, 아버지로부터 과해진 근원적 터부에 덧붙여지는 것이다.

마르크스는 개인의 진화에 대해서는 별로 시사를 하지 않았다. 그는 오로지 역사 속에서의 인간 발달에만 관심이 있었다.

마르크스에 의하면, 역사는 지속적인 모순·상극에 의해 진로가 결정되는 것이다. 생산력이 증대하면 낡은 경제적·사회적·정치적 형태와 갈등을 일으키는데, 이러한 갈등(이를테면 증기 기관과, 그때까지의 수공업적 사회 체제와의 사이에 보여지는 바와 같은)은 사회적 · 경제적 변혁을 가져온다. 그리고 겨우 안정이 회복된 듯하다가도 다시 다음 생산력의 발달에 의해 도전을 받고(이를테면 증기 기관에서 가솔린 · 전기 · 원자력의 이용으로 발달한 것처럼), 새로운 생산력에 가장 접합한 새로운 사회 형태가 생겨나게 된다. 생산력과 사회 · 경제 구조와의 갈등 외에 사회계급 상호간의 갈등도 진전한다. 낡은 생산 형태에 의거한 봉건계급은 소수공업자나 상인 같은 신흥 중간계급과 충돌하며, 이 중간계급도 얼마 후에는 초기적 소기업 형태를 압도하는 거대 독점 기업의 노동자나 경영자를 적으로 돌리게 된다.

인간의 정신적 진화는 역사과정 속에서 일어난다. 마르크스 진화론의 중심 개념은 자연에 대한 인간의 관계와, 이 관계의 발전에 대한 것이었다, 원시시대에는 인간은 완전히 자연에 대해 의존적이지만, 진화함에 따라 점차 자연으로부터 독립한다. 그리고 공작, 가공을 통해 자연을 지배하고 변형시키며, 자연을 개조함으로써 인간은 스스로를 개조하게 된다, 그러나 인간은 자연에 의존하는 한, 그 자유와 사고 능력을 제한받게 된다. 즉 인간은 많은 점에서 어린아이와 유사한 것이어서, 천천히 성장하여 자연을 완전히 습득하고 독립된 존재가 된 연후에야 비로소 자기의 지적 · 감정적인 능력을 모두 발휘할 수 있는 것이다.

마르크스에게 있어 사회주의 사회란 성숙한 인간이 자기가 갖는 힘을 전적으로 개화시킬 수 있는 사회였다. 《자본론》에서 인용한 다음 문장은 이 문제에 대한 마르크스 사상의 한 단면을 나타내었다. "고대 사회의 생산조직은 부르주아 사회의 그것과 비교하면 극히 간단명료한 것이다. 하지만 그것은 원시적 씨족사회 특유의 동족과의 혈연관계에서 이탈할 수 없는 개인발달의 미성숙에 의거하거나, 혹은 직접적인 예속관계에 의거하였던 것이다. 이러한 생산조직이 출현하고 존속하는 것은, 노동 생산력의 발전이 낮은 단계에 머무를 경우, 따라서 물질 생활면에서의 인간 대 인간, 인간 대 자연의 사회관계가 상당히 좁은 경우에 한정된다. 이 협소성은 고대의 자연숭배나 민족종교에 반영되었다. 현실 세계의 종교적 반영은 일반적으로 일상생활의 실천적 여러 관계가 동족이나 자연과의 사이의 합리적 관계를 남김없이 명료하게 제시하게 됨으로써 비로소 소멸한다. 물질적 생산의 과정은 그것이 자유로이 사회를 구성하는 인간의 생산물로서, 그들의 의식적인 계획적 통제 밑에 놓일 경우에만 신비적인 베일을 벗겨 버리는 것이다. 하지만 그러기 위해서는 고난에 찬 오랜 발전사에서 자연스럽게 생겨난 일련의 존립조건이나 일정한 물질적 기초가 사회에 필요하다."

인간은 생물의 한 종속으로서, 노동에 의해 어머니인 자연으로부터 스스로를 해방한다. 이 해방과정에서 지적・감정적 능력을 발달시켜 성장하며 독립된 자유로운 인간이 된다. 그리고 그가 자연을 완전히 이성적인 통어 밑에 두고, 사회가 그 적대적인 계급적 성격을 잃을 때 '선사시대'는 종말을 고하게 될 것이다. 이리하여 진정한 인간의 역사가 시작되며, 거기서는 자유로운 인간이 자연과의 교환을 계획하고 조직한다. 사회생활 전체의 최종 목표는 노동이나 생산이 아니라, 인간의 능력의 개화 그 자체가 된다. 이것이 마르크스에게 있어, 인간이 동료나 자연과 완전히 일체가 될 수 있는 자유의 왕국이었다. 역사에 대한 마르크스와 프로이트의 차이는 매우 분명하다. 마르크스는 인간의 완전성과 진보에 확고한 신념을 품고, 예언자로부터 기독교, 르네상스, 계몽사상을 통해 계승된 서구의 메시아적 전통에 뿌리를 박고 있었다. 프로이트, 특히 제1차 세계대전 이후의 프로이트는 회의론자가 되었다. 그는 인간의 진화의 문제를 비극적인 것으로 보았다. 인간이 이루어 놓은 일은 무엇이든 욕구불만으로 끝나며, 원시인으로 다시 되돌아가면 인간은 쾌락을 얻지만 지혜를 잃는다. 복잡한 문명을 어디까지나 계속 건설한다면 인간은 현명해 지지만, 동시에 불행해지고 병적으로 된다. 프로이트에게 있어 진화는 무엇으로든 해석할 수 있는 주어진 것이며, 사회는 선을 베푸는 동시에 재앙도 가져오는 것이다. 마르크스에게 있어 역사는 인간의 자기실현의 행진이다. 사회는 어떤 사회악이 생기든 간에 인간의 자기 창조와 자기 개발을 위한 필요조건이다. 마르크스에게 있어 '좋은 사회'란 좋은 인간의, 즉 충분히 발달한 정기의 생산적인 개인의 사회를 말한다.

5. 인간행동의 동기

인간을 일정한 방식으로 행동케 하는 원인, 인간을 일정한 방향으로 몰아붙이는 추진력은 무엇인가?

이 물음에 대한 마르크스와 프로이트의 해답은 서로 너무 동떨어진 것이기 때문에, 양자의 학설 사이에는 넘을 수 없는 모순이 있는 것같이 생각된다. 마르크스의 사적 유물론은 인간의 주요 동기가 물질적 만족에의 소망, 무제한하게 사용·소유하고 싶다는 욕구에 있다고 주장하고 있는 것처럼 일반적으로 받아들여지고 있다. 물질적 재화에 대한 갈망이 인간의 근본적인 동기라고 한다면, 그것은 프로이트의 이념과는 전혀 대조적인 것이 된다. 즉 프로이트에게 있어 인간행동의 가장 강력한 동기는 성적 욕망이다. 인간행동의 동기를 논할 경우에는 언제나 이 소유욕이냐, 성욕이냐 하는 두 가지 의견이 대립된다.

이처럼 명확히 구분하는 방법은 프로이트에 관한 한 적절하지 않다. 그의 이론에 대해 앞서 설명한 바를 미루어 보더라도 그것은 명백하다. 프로이트는 인간을 서로 모순된 동기를 갖는 존재로 본다. 그것은 성적 쾌락에의 충동과, 생존이나 환경 지배에의 충동 사이의 모순이다. 이 갈등은 프로이트가 후에, 지금 설명한 두 가지의 충동과 길항하는 또 하나의 인자—초자아, 즉 자기 속에 거둬들인 아버지의 권위와, 아버지가 대표하는 규범—를 대치시켰을 때 더욱 복잡하게 되었다. 즉 프로이트에게 있어 인간은 서로 모순되는 여러 힘에 의해 움직이는 것이며, 결코 단지 성적 만족에 대한 욕구에 의해서만 움직여지는 존재가 아니었던 것이다[1].

마르크스의 동기론은 프로이트의 경우보다도 속설에 의해 더욱 심하게 왜곡되었다. 이 왜곡은 '유물론(materialism)'이라는 말의 오해로부터 시작된다. 이 말과, 그 반대어인 '유심론(idealism)'과는 각기 사용되는 문맥에 따라 전혀 다른 두 가지의 뜻이 있다. 인간의 살아가는 방법이라는 뜻으로 사용될 경우, '물질주의자(materialist)'란 물질적 욕망의 충족에 주로 관심을 갖는 인간을 가리키며, '이상주의자(idealist)'란 이상, 즉 정신적 내지는 윤리적 동기에 의해 움직여지는 인간을 가리킨다. 그렇지만 '유물론'과 '유심론'은 철학 용어로서는 전혀 다른 뜻을 갖는다.

마르크스의 '사적 유물론'에 대해 말할 경우는(마르크스 자신은 실제로 이 말을 사용한 적은 한번도 없었지만) 이 후자의 의미로 사용하지 않으면 안 된다. 철학적으로는 유심론이란, 관념이야말로 기본적 실재이며, 우리가 감관에 의해 지각하는 물질 세계는 그 자체가 실재성을 갖지 않는다고 생각하는 입장을 말한다. 19세기 말기에 유행된 물질주의의 입장에서 보면, 실재하는 것은 물질이지 관념이 아니었다. 마르크스는 기계론적 유물론(프로이트의 사상도 그 일환이었다)과는 반대로, 물질과 정신의 인과관계는 거들떠보지도 않고, 모든 현상을 현실의 인간 활동의 결과로서 이해하려 했다. 마르크스는 다음과 같이 썼다. "천상에서 땅 위로 내려오는 독일 철학과는 전혀 반대로, 여기서는 땅 위에서 천상으로 올라가는 것이다. 즉 인간이 상상하고 표상하는 것으로

---

1) 후기의 프로이트는 '삶의 본능'과 '죽음의 본능'이라는 모순 개념을 상정했다. 이 두 힘은 항상 인간의 내부에서 서로 다투며, 인간의 행동에 동기를 부여하는 것으로 생각하였다.

부터 출발하여 구체적인 인간에 도달하는 것이 아니다, 현실적으로 활동하는 인간으로부터 출발하여, 그들의 현실적인 생활과정에 의거하여, 이 생활과정의 이데올로기에의 반영과 반향의 발전을 설명하는 것이다."[2]

마르크스의 '유물론'은 있는 그대로의 현실의 인간에서부터 인간 연구를 시작하는 것이지, 인간에 대한 관념이나, 인간이 자신을 이해하기 위해 만드는 세계에 대한 관념에서부터 인간 연구를 시작하는 것은 아니다. 마르크스에 대해, 개인적인 유물주의와 철학적 유물론 사이에 어째서 이러한 혼란이 생겨났는지를 이해하려면, 한 걸음 나아가 마르크스의 '역사의 경제학설'이라 불리는 것을 검토하지 않으면 안 된다. 마르크스에 의하면, 이 말은 그때까지 경제적 동기만이 역사과정에서 인간행동을 지배한다는 의미라고 오해되어 온 것이다. 바꾸어 말하면 '경제적' 인자는 심리적 · 주관적 성질의 것이며, 경제적 이해에의 관심이 동기가 되어 있는 것이라고 생각되어 왔다. 하지만 마르크스는 결코 그렇게는 생각하지 않는다.

사적 유물론은 결코 심리학설이 아니다. 그 대전제가 되어 있는 것은, 생산수단이 인간의 생활 습관 · 생활 방식을 지배하고, 이 생활 습관이 인간의 사상이나 사회의 경제적 · 사회적 구조를 규정한다는 사실이다. 여기에서 말하는 경제는 심리적 동인이 아니라 생산양식이다. 주관적인 심리학적 인자가 아니라 객관적인 사회학적 · 경제학적 인자인 것이다.

인간은 생활 습관에 의해 형성된다는 마르크스의 이념은 그 자체가 새로운 것은 아니다. 몽테스키외는 '관습이 인간을 만든다'는 말로 같은 이념을 나타내었으며, 로버트 오웬도 같은 표현을 했다. 마르크스의

---

2) 《독일 이데올로기》.

학설에서 새로운 것은, 이러한 관습이 어떤 것이냐 하는 것, 아니 그보다도 관습 자체를 일정한 사회에 특유한 모든 생산체계의 부분 현상으로 볼 수 있음을 상세히 분석한 점에 있다. 여러 가지 경제조건은 각기 다른 심리학적 동기를 발생시킨다. 어떤 경제조직은 금욕적 경향을 가져온다. 그 예는 초기 자본주의이다. 다른 경제조직은 검약하고 저축하려는 욕구를 조장시킨다. 이를테면 19세기 자본주의가 그랬다. 또 다른 경제조직은 낭비나 대량 소비에의 욕구를 촉진시킨다. 20세기 자본주의가 그렇다. 하지만 마르크스의 체계에는 단 하나의 준 심리학적 전제가 있다. 인간은 정치·과학·예술·종교 등을 찾기 전에 우선 먹고 마시며 비바람을 피하고, 의복을 걸치지 않으면 안 된다는 것이다. 그러므로 생존에 직접 필요한 물자의 생산, 즉 일정한 사회가 도달한 경제발전의 단계가 사회적·정치적인 제도, 관습, 예술, 종교까지도 낳는 기반을 제공한다는 것이다. 그러므로 인간 자신은 역사의 각 시기에 있어서, 그때그때의 일반적인 생활 습관에 의해 형성되고, 그 생활 습관은 또 생산수단에 의해 규정된다. 그러나 이상의 설명은 생산·소비하고 싶다는 욕구가 인간의 중심적인 동기라고 말하려는 것은 아니다. 오히려 마르크스의 주요한 비판은, 자본주의 사회가 '소유'·'사용' 하고 싶다는 소망을 인간의 가장 지배적인 욕구라고 간주하는 점에 분명히 돌려지는 것이다. 마르크스는 소유·사용하고 싶다는 욕구에 지배되는 인간은 불구화된 인간이라고 생각하였다. 그가 지향하는 것은 사회주의 사회이며, 거기에서는 이윤이나 사유재산이 아니라, 인간 힘의 자유로운 개화가 인간의 주요 목적이 된다. 풍부하게 '갖는' 인간이 아니라 '풍부한' 인간이야말로 완전히 성숙한, 진정으로 인간적인 인간인 것이다.

자본주의의 대변자들은 마르크스를 이른바 '유물주의적'인 의도를 가졌다며 비난하는데, 이것이야말로 인간의, 왜곡과 합리화의 재능의 가장 악질적인 실례의 하나이다. 이것은 진실이 아닐 뿐만 아니라, 같은 자본주의의 대변자들이 이윤추구—자본주의는 그 위에 구축되어 있다—는 인간의 창조활동의 유일하게 강한 동기이며, 사회주의는 경제의 주요한 자극인 이윤추구를 배제하기 때문에 잘 되어 가지 않는다고 사회주의를 헐뜯는 것은 모순이 아닐 수 없다. 러시아의 공산주의가 이 자본주의적 견해를 채용하고, 그 때문에 소비에트 연방의 감독자・노동자・농민이 이윤추구야말로 현재의 소비에트 연방 경제 최대의 원동력이라고 믿고 있는 사정을 아울러 생각한다면 일은 더욱더 복잡기괴해진다. 실제면에서뿐만 아니라 인간행동의 동기에 대한 이론적 견해에 있어서도 흔히 소비에트 연방 체제와 자본주의 체제는 서로 일치하며, 양자 모두 마르크스의 학설이나 그 의도에 등을 돌리는 것이다.[3)]

3) 자유로운 창조적 자기 활동을 소외된 노동으로 바꾸는 것은 부를 축적하기 위한 강제라고 마르크스가 생각하였다는 태커의 설은 오해이다. 태커의 오류는 그가 인용한 마르크스의 문장의 오독에 기인한다. 마르크스는 《경제학 · 철학소고》에서 다음과 같이 말하였다. "Die einzigen Rder, die der Nationalokonom in Bewegung setzt, sind die Habsucht" oct. 이것은 "경제학자가 조종하는 유일한 수레바퀴는 소유욕이다"라는 의미이지, 태커가 번역한 것처럼 "경제학자를 조종하는 유일한 수레바퀴는 소유욕이다"라는 의미가 아니다. 주격과 술부가 전도돼 있다.

6. 병든 개인과 병든 사회

프로이트와 마르크스의 정신적 병태에 대한 이념은 어떠했는가. 프로이트의 이념은 잘 알려져 있다. 오이디푸스 콤플렉스의 해결에 실패하거나, 그것을 다른 형태로 유지할 경우나, 소아적 충동을 극복하여 성숙한 생식 단계까지 발달할 수가 없을 경우, 인간은 자기 내부의 소아적 욕구와 성인으로서의 욕구 사이에서 분열한다. 신경증의 증상은 소아의 요구와 성인의 요구와의 타협을 나타내는 것이지만, 정신병은 성인의 자아가 소아적 요구와 환상에 의해 압도당한 병태이며, 거기에는 이미 두 영역의 타협은 존재하지 않는다.

마르크스는 물론 체계적인 정신병리학을 구축하지는 않았지만, 정신적 불구의 한 형태에 대해 서술하였다. 그것은 그에 의해 정신병리의 가장 근원적인 나타남으로 보이고, 그 극복이 사회주의의 최종 목표라고 생각된 것, 즉 인간소외이다.[1)]

---

1) 소외의 개념은 유고슬라비아 · 폴란드에 있어서, 그리고 영국 · 프랑스 · 독일 및 미국에서도 마르크스의 이념을 논할 경우의 중심 문제가 되어 있다. 이 논쟁에 참여한 신교 · 구교의 신학자나 인도적 사회주의자의 대다수는 소외와 그 초극이 마르크스의 사회주의적 인도주의의 중심 문제이며 사회주의의 목표라는 입장을 취하였다, 더욱이 술어나 강조의 변화는 있지만 청년기와 성숙기의 마르크스의 사상 사이에는 완전한 연속성이 존재한다고 생각했다.

마르크스가 말하는 소외란 무엇인가? 헤겔에 의해 처음 제기된 이 개념은 원래 세계(자연, 사물, 타자, 인간 자신)가 인간에게 있어 서먹서먹한 존재로 바뀌는 것을 의미한다. 인간은 스스로의 존재 주체로서, 즉 하나의 생각하고 느끼며 사랑하는 인간으로서 자기 자신을 체험하지 못하고, 자기의 힘이 외계에 나타난 객체로서의 사물, 즉 자신이 만든 사물 속에서 자기 자신을 체험하는 것이다. 이리하여 자기가 창조한 생산물을 통해 겨우 자기 자신을 확인한다.

신을 역사의 주체로 본 헤겔은, 인간 속에서 신을 보고, 자기소외의 상태와 역사과정 속에서 신의 자기 내 귀환을 보았다.

포이에르바흐는 헤겔을 거꾸로 세웠다.[2] 그의 생각에 의하면, 신이란 인간으로부터 인간 이외의 존재로 옮겨진 인간 자신의 힘의 표현이며, 그 힘의 소유자인 것이다. 그 때문에 인간은 신을 믿음으로써 비로소 자기의 힘을 발견하게 된다. 즉 신이 강대해질수록 인간은 빈약한 것이 되는 것이다.

마르크스는 포이에르바흐의 이념에서 깊은 감명과 영향을 받았다. 《헤겔 법철학 비판 서설》(1843년 말경에 쓰여졌다)에서 그는 포이에르바흐에 따라 소외를 분석하였다. 《경제학·철학 소고》(1844년)에 이르러 마르크스는 종교적 소외현상에서 노동의 소외현상으로 눈을 돌렸다. 포이에르바흐의 종교적 소외의 분석을 본받아 마르크스는 다음과 같이 썼다. "노동자는 그가 부를 보다 증대하면 할수록 그리고 그의 생산의 힘과 범위가 보다 증대하면 할수록 그만큼 더욱더 가난해진다."[3] 그리고 다시 몇 절 뒤에 가서 다음과 같이 계속한다. "이러한 결과는, 노동

---

2) R. 태거의 《칼 마르크스의 철학과 신화》 속에서 볼 수 있는 소외에 대한 논의를 참조할 것.

3) 《경제학·철학 소고》. 마르크스의 경제 가설은 얼핏 보기에 그 노동이나 가치 및 그 밖의 여러 요소에 대한 경제학설의 논리적 결과처럼 보인다. 그러나 자본주의적 진화 속에서 노동자가 더욱더 가난해진다는 마르크스의 그릇된 학설은 종교적 소외나 경제적 소외 사이에 있는 이 유사성에서 영향을 받은 탓이라 해도 억지 주장이 아닐 것이다.

자에게 있어 자기의 노동 생산물이 소원한 사물로 된다는 사실에서 유래한다. 그렇기 때문에 노동자가 일에 몰두하면 할수록, 그가 자신의 외부에 만들어 내는 사물의 세계가 더욱더 강대해지고, 그의 내적 생활은 더욱더 빈곤해지며, 그에게 귀속하는 것이 더욱더 적어지는 것이다. 이러한 일은 종교의 경우도 마찬가지이다. 인간이 신에게 많은 것을 귀속시키면 시킬수록, 더욱더 인간이 자기 자신 속에 유지하는 것은 적어진다. 노동자는 그의 생명을 사물 속에 경주(傾注)시켜 버린다. 하지만 그의 생명은 이미 그의 것이 아니며 사물의 것이 되어 있다. 따라서 그의 활동이 보다 커지면 커질수록 그는 갖고 있는 것을 잃는다…. 생산에 있어서의 노동자의 소외란, 단지 노동자가 하나의 사물로 바뀌고 외적 존재의 양상을 띤다는 의미뿐만 아니라, 노동이 그의 외부에 독립적으로 존재하면 그에 대립하는 자율적인 힘이 된다는 것을 의미한다. 노동자가 사물에 부여한 생명이, 이번에는 도리어 노동자에게 있어 서먹서먹하고 적대적인 힘이 되는 것이다."[4] 하지만 마르크스가 그에 이어 설명한 바와 같이, 노동자는 자기가 만들어 내는 생산물로부터 소외될 뿐만이 아니다. "소외는 생산의 결과에만 나타나는 것이 아니다. 생산과정 속에, 즉 생산활동 자체 속에도 나타난다."[5] 그리고 다시금 마르크스는 노동에 있어서의 소외와 종교에 있어서의 소외와의 대비로 돌아온다. "종교에 있어서 인간의 상상력, 즉 인간의 지성이나 심정의 자기활동이 인간으로부터 독립하여, 소원한 신이나 악마의 활동으로서 개인 위에서 작용하듯이, 노동자의 활동은 그 자신의 자기활동일 수 없게 되는 것이다."[6]

소외된 노동이라는 이념에서 마르크스는, 자기 자신이나 동료나 자

---

4) 위와 같음.
5) 위와 같음.
6) 위와 같음.

연으로부터의 인간 소외의 이념으로 향한다. 그는 근원적인 소외되지 않는 형태의 노동을 '생명활동, 생산적 생활'이라 정의하고, 나아가서 인류의 특질을 '자유로운 의식적 활동'이라 정의했다. 소외된 노동에서는 인간의 자유로운 의식적 활동은 소외된 활동에로 왜곡되고, 이 때문에 '생활 자체가 단순한 생활 수단이 된다.'[7]

앞에서도 설명한 바와 같이, 마르크스는 생산으로부터의 인간 소외나 노동의 소외에만 관심이 있었던 것은 아니다. 그는 생활이나 자기 자신이나 동료로부터의 인간 소외에도 관심이 있었다. 그리고 이 생각은 다음과 같이 표명되어 있다. "이리하여 소외된 노동은 인간의 종속적 생활이나 인간의 정신적인 종속적 능력과 마찬가지로 자연마저도 소원한 존재로 만들고, 그의 개인적 생존을 위한 수단으로 만들어 버린다. 소외된 노동은 인간으로부터 그 신체나 외적 자연이나 정신생활이나 인간생활을 소외한다. 인간이 그 노동의 생산물이나 생명활동이나 종속적 생활로부터 소외당하기 때문에 생기는 직접적인 결과의 하나는, 인간이 다른 인간으로부터 소외당한다는 사실이다. 인간이 자기 자신과 대립하는 동시에 다른 인간과도 대립하게 된다. 인간의 노동이나, 노동의 생산물이나, 자기 자신에 대하는 관계에 적용되는 일은, 인간이 다른 인간을 대하는 관계나, 인간이 다른 인간의 노동 및 노동의 대상을 대하는 관계에도 적용된다. 일반적으로 인간이 종속적 생활로부터 소외당한다는 소설은, 어떤 인간이 다른 인간으로부터, 이들 각자가 인간적 생활로부터 소외당하고 있다는 것을 의미한다."[8]

나는 여기서 마르크스의 소외의 이념을 《경제학 · 철학 소고》에 그려진 대로 소개했는데, 이 이념은, 표현은 별도로 하고, 《자본론》을 포함하는 그의 후기의 주요 저작 전부를 통해 그 중심적인 위치를 유지하

7) 위와 같음.
8) 위와 같음.

고 있다. 《독일 이데올로기》에 마르크스는 이렇게 썼다. "개인적 이해와 일반적 이해 사이에 분열이 존재하는 한, 인간 자신의 행위는 그에게 있어 하나의 서먹서먹하고 대립적인 힘이 되고, 인간에 의해 통어되는 대신 그것을 노예로 만든다."[9] 이어 "사회적 활동의 이와 같은 정착화, 우리를 억누르는 객관적인 힘과 우리 자신의 생산물의 이와 같은 고정화는, 이미 우리의 힘으로 감당할 수 없으며, 우리의 기대를 저버리고 우리의 목표를 물거품으로 만드는데, 이것이야말로 오늘에 이르기까지의 역사적 발전의 주요 계기의 하나가 되는 것이다"[10]라고 썼다. 다음에 《자본론》 속의 소외에 관한 많은 기술 중에서 두세 가지를 들어 보자. "수공업과 제조업에서는 노동자가 도구를 이용하고, 공장에서는 노동자가 기계에 봉사한다. 저쪽에서는 노동 기구의 운동이 노동자로부터 시작되고, 이쪽에서는 기계의 운동에 노동자가 복종하지 않으면 안 된다. 매뉴팩처에서는 노동자가 살아 있는 기구의 지체가 되어 있지만, 공장에서는 죽은 기구가 노동자로부터 독립적으로 존재하며, 그는 단지 살아 있는 부속물에 지나지 않는다."[11],[12] 또 (장래의 교육) "생산을 증대하기 위한 한 방법으로서뿐만 아니라, 충분히 발달한 인간을 생산하기 위한 유일한 방법으로서, 생산적 노동을 지육과 체육에 결부시킬 것이다."[13] 그리고 "동일한 말초적 작업을 일생 동안 반복함으로써 불구화되고, 그 때문에 인간의 단편에 지나지 않게 된 오늘날의 세부 노동자를 충분히 발달한 개인으로 대체시키는 일은, 근대공업이 사회에 요구하는 사활의 문제이다. … 전체적으로 발달한 개인이 그가

9) 《독일 이데올로기》.
10) 위와 같음.
11) 《자본론》 제1권.
12) 마르크스의 사상에 있는 소외 개념의 연속성에 대해서는 R. 태커의 《칼 마르크스의 철학과 신화》 속에 훌륭히 설명되어 있다. 또 나의 《마르크스의 인간관》도 참조하기 바란다.
13) 《자본론》 제1권.

행하는 여러 가지 사회적 기능은 그 자신의 선척적 · 후천적 능력을 자유로이 발휘시키는 다양한 양식에 지나지 않는 것이다."[14] 그러므로 마르크스에게 있어 소외는 인간의 병이다. 그것은 새로운 병이 아니다.

왜냐하면 그것은 분업의 시작, 즉 원시사회를 넘어선 문명의 시작과 더불어 필연적으로 일어나는 것이기 때문이다. 그것은 노동자 계급에 가장 심하게 퍼져 있는데, 누구나 걸리는 병이다. 이 병은 그 증상이 피크에 도달했을 때 비로소 치유된다. 완전히 소외당한 인간만이 소외를 극복할 수 있다. — 그는 완전히 소외당한 인간으로 살면서 동시에 말짱한 정신상태로 있을 수 없으므로 이 소외를 극복하지 않을 수 없다. 그리고 사회주의가 그 해답이다. 즉 그 사회에서는 인간이 역사의 의식적 주체가 되고, 자신의 힘의 주체로서 자기를 체험하며, 이리하여 사물이나 환경에의 속박으로부터 자기를 해방시킨다. 마르스는 사회주의와 자유의 실현에 대한 이러한 이념을, 《자본론》 제3권 끝 부분에서 다음과 같이 썼다. "사실, 자유의 나라는 필요나 외적 유용성에 의해 강제되는 노동이 없어지는 데서 시작된다. 일의 성질상, 그것은 언어의 엄밀한 의미에서의 물질적 생산의 차원의 피안에 있다. 미개인들이 그들의 욕망을 충족시키기 위해, 그 생활을 유지하고 또 재생산하기 위해서 자연과 싸우지 않으면 안 되는 것처럼 문명인도 그렇게 하지 않으면 안 된다. 그것은 어떤 사회형태에 있어서나, 어떤 생활양식 밑에서나 그렇다. 그것이 발전함에 따라 이 자연적 필연성의 나라는 확대된다. 왜냐하면 여러 욕망이 증대하기 때문이다.

그러나 동시에 여러 욕망을 충족시키는 생산력도 증대한다. 이 영역에 있어서의 자유는 다음과 같이 함으로써 비로소 실현된다. 즉 사회화된 인간, 단결한 생산자가, 맹목적인 힘과 같은 자연과의 교환에 의

---

14) 위의 인용문 중에 있음.

해 지배당하는 것을 중지하고, 이것을 합리적으로 규제하며 그들 공동의 통제 밑에 둘 것, 이 과제를 최소한의 힘의 지출로써, 또 그들의 인간성에 가장 합당하고 가장 적절한 조건 밑에서 수행할 것 등이다. 그러나 이것도 여전히 필연성의 나라이다. 이 나라의 피안에서만이 자기목적으로서의 인간의 힘의 발전, 즉 참다운 자유의 나라가 시작된다. 하지만 그것은 어디까지나 필연성의 나라를 기초로 해서만 꽃필 수 있는 것이다."[15]

도덕적 및 심리학적인 문제로서의 소외는 이 두 가지 점에 대해 마르크스가 언급한 말을 음미하면 더욱 명료해진다. 마르크스에게 있어, 소외는 모든 인간의 가치를 더럽히며 깎아내리는 것이다 경제활동을 하여, 그에 수반되는 '이득 · 노동 · 검약 · 절제'[16] 등의 가치를 인생 최고의 가치로 삼았기 때문에, 사람은 인간성의 진정한 도덕적 가치인 '양심과 덕 등의 부'를 발전시킬 수 없게 되어 있다. "하지만 내가 죽은 사람이라면 어떻게 유덕한 사람일 수 있겠는가? 아무것도 지각할 수 없다면 어떻게 양심을 가질 수 있겠는가"[17] 소외의 상태에서는 경제적 · 도덕적 생활영역이 제멋대로가 된다. 즉 "어느 것이나 특수분야의 소외된 활동으로 국한되고, 서로서로 소외당한다."[18]

마르크스는 소외된 사회에서의 인간의 욕구가 어떻게 타락하고, 진정한 약점이 되는가를 놀라운 정확성으로 꿰뚫어 보았다. 자본주의에 있어서는, 마르크스가 통찰한 것처럼 "누구나 타자 속에 새로운 욕구를 만들어 내어, 그를 새로운 희생으로 몰아넣고, 새로운 종속으로 빠져들

---

15) 《자본론》 제3권.

16) 위와 같음. 이러한 가치는 19세기 자본주의뿐만 아니라 현대의 소련에서도 주요 가치가 되었다. 이 점에 대한 상세한 논의는 E. 프롬의 《인간의 승리를 찾아서》를 참조하기 바란다.

17) 《경제학 · 철학 소고》.

18) 위와 같음.

게 하며, 새로운 양식의 쾌락으로, 그리고 경제적 파멸로 유인하려 한다. 누구나 타자에 대해 그 사람과는 소원한 힘을 만들어 내고, 거기서 자기 자신의 이기적 욕구의 만족을 찾아내려 한다. 즉 여러 사물의 양이 늘어나는 동시에, 인간이 예속되는 소원한 존재의 영역도 확대된다. 새로운 생산물이란 모두 서로 속이고 빼앗는 새로운 온상인 것이다. 인간은 점차 인간으로서 가난해지며, 적대적인 것으로서의 존재를 자기의 것으로 만들기 위해 더욱더 많은 화폐를 필요로 한다. 화폐의 힘은 생산의 양이 늘어남에 따라 감소된다. 즉 인간의 욕구는 화폐의 힘이 증대함에 따라 증대하는 것이다.

그러므로 화폐에 대한 욕구는 근대 경제에 의해 생긴 진정한 욕구이며, 근대 경제가 낳은 유일한 욕구이다. 화폐의 양이 점차 그 유일하고 중요한 특성이 된다. 화폐는 모든 존재를 그 추상에까지 환원했지만 그와 동시에 자기 자신의 발전 속에서 스스로를 양적인 존재에로 환원한다. 무한정하고 무절제한 것이 화폐의 진정한 척도가 된다. 이러한 일은 주체적으로도 나타나며, 생산이나 욕구의 확대가 비인간적이고 교활하며, 부자연하고 망상적인 욕망의 노예, 즉 빈틈이 없고 항상 타산적인 노예가 된다는 형태로, 부분적으로 또 주체적으로 나타나는 것이다. 사유재산에 의해, 조잡한 욕구를 어떻게 해서 인간적인 욕구로 바꿔야 할지를 알 수는 없다. 사유 재산의 이상주의는 공상적이고 제멋대로이며 변덕스럽다. 환관은 전제 군주로부터 은밀히 총애받기 위하여 비열하게 알랑거리고 아첨하며, 수치스런 수단을 사용하여 군주의 둔해진 쾌락에의 감수성을 자극하려 노력하는데, 그런 방법도 생산계의 환관인 생산자가 친밀한 이웃 사람의 지갑에서 은화를 빼앗고 금화를 절취하기 위해 행하는 방법에는 도저히 미치지 못한다. (모든 생산물은 타자의 본질, 즉 타자의 화폐를 자기 수중에 꾀어들이기 위한 미끼이다. 일체의 현실적인, 그리고 가능성으로서의 욕구는, 새가 새덫에 접근하는 약점과 같은 구실을 한다. 인간의 불완전성은 모두 천국과의 유대에서 나타나며, 인간의 마음을 사제에게 접근시키는 점에 나타나는 것과 마찬가지로, 모든 욕구는 친밀한 체하며 이웃 사람에게 접근하여 다음과 같이 말하기 위한 기회가 되는 것이다. "사랑하는 벗이여, 나는 자네에게 자네가 필요로 하는 것을 주겠네. 하지만 자네는 불가결한 조건을 알겠지. 자네는 어떤 잉크로 내게 증서를 써서 몸을 팔지 않으면 안 되는가를 알겠지. 나는 자네에게 만족을 줌으로써 자네로부터 이익을 얻는 걸세." 인간의 공공생활에 만연한 착취는 이러한 모든 일로부터 생겨난다.)

기업가는 이웃 사람의 우연히 떠오른 가장 비열한 마음을 이용하여, 이웃사람과 그 욕구 사이의 중개역할을 맡음으로써 그의 속에 병적인 욕망을 불러일으켜, 모든 약점을 탐지한 연후에 이 친절의 대상으로서 보수를 요구하는 것이다."[19] 이리하여 자신의 소외된 욕구의 포로가 된 인간은 '정신적 · 육체적으로 비인간화된 존재… 자기 의식을 가지고 스스로 행동하는 상품'[20]이 된다. 이 상품 · 인간은 자기와 외계를 결부시키는 방법을 단 하나밖에는 모른다. 즉 소유하고 소비(사용)하는 일이다. 소외되면 될수록 세계와의 관계에 있어서의 소유와 사용과의 의미의 비중이 커진다. "당신이 보다 적게 존재하면 할수록, 당신이 자신의 생명을 발현시키는 일이 적으면 적을수록, 당신은 그만큼 많이 소유하게 되고, 당신의 소외된 생명은 그만큼 커지며, 당신의 소외된 존재를 그만큼 많이 저장하는 셈이 된다."[21]

마르크스의 소외개념을 논함에 있어, 프로이트의 체계에서 가장 가본적인 개념의 하나인 전이현상과 이 소외개념과의 사이에 있는 밀접

19) 위와 같음.
20) 위와 같음.
21) 위와 같음.

한 관계를 지적하는 것도 재미있을지 모른다. 정신분석을 받는 환자가 분석자를 사랑하거나, 두려워하거나, 미워할 경우, 그것은 모두 분석자의 현실의 인격과는 전혀 관계가 없음을 프로이트는 관찰하였다. 그래서 그는 환자가 어린아이였을 때 부모님에 대해 체험한 사랑이나 두려움이나 미움의 감정을 분석자에게 옮긴다는 가정에 의해 이 현상을 이론적으로 설명할 수 있다고 믿었다. 프로이트의 견해에 의하면, 전이에서는 환자 속의 어린아이가 분석자에 대해 아버지나 어머니를 대하는 듯한 태도를 취하는 것이다. 프로이트의 전이현상 해석은 깊은 진리를 내포하고 있으며, 충분히 증명된 것이다. 하지만 그래도 완전한 해석이라고는 할 수 없다. 성인이 된 환자는 어린아이가 아니며, 환자 속의 어린아이가 그 무의식이라 한대도, 그것은 사실의 복잡성을 정당하게 평가할 수 없는 지리학적인 언어를 사용하는 셈이 된다. 신경증적인 성인환자는 소외된 인간 존재이며, 스스로 행위나 체험의 주체나 창작자로서의 체험을 할 수 없기 때문에 건강하지 않다고 느끼고 두려워하며 소심해져 있는 인간인 것이다.

즉 그 사람은 소외되어 있기 때문에 신경증적으로 되어 있는 것이다. 그러므로 내적 공허감이나 무력감을 극복하려고 사랑이나 지능이나 용기 등, 그 인간적 특성의 모든 것을 투영할 대상을 선택하는 것이다. 그리고 이 대상에 추종함으로써 자기 자신의 특질에 접할 수 있었다고 느끼고, 건강하고 현명하며 용기가 있고 안전한 듯이 생각하는 것이다. 그러므로 이 대상을 잃는 것은 자기 자신을 잃을 위험성을 의미한다. 개인의 소외라는 사실에 의거하는 대상의 우상숭배라는 이 기구야말로 전이의 중심적 역동인 것이며, 전이에 강도와 밀도를 부여하는 것이다. 별로 소외되어 있지 않은 사람이라도 어렸을 때의 어떤 체험을 분석의에게 전이하는 수가 있을지도 모르지만, 그것은 별로 강한 것이 아니다. 우상이 필요하여 찾는 소외된 환자는, 분석의를 발견하면 보통 그에게 어린아이로서 알고 있던 두 명의 강력한 인간, 즉 아버지와 어머니의 특질을 부여하려 한다. 그러므로 전이의 내용은 보통 유아적 패턴에 관계가 있으며, 그 강도는 환자의 소외에 의거하는 것이다. 덧붙일 것까지도 없는 일이지만, 전이현상은 분석상황에서만 한정된 것은 아니다. 이것은 정치적·종교적·사회적 생활에 존재하는 모든 형의 권위상의 우상화로 나타날 수 있는 것이다.

또 전이는 소외의 표현으로서 이해할 수 있는 정신병리적 현상 이상의 것이다. 프랑스어의 아리에네나, 스페인어의 아리에나도 등이 정신병자라는 말의 고어이며, 영어의 '알리에니스트(소외자)'라는 말이 미치광이, 즉 완전히 소외된 사람을 다루는 의사라는 의미였던 것은 우연이 아니다.[22]

자아의 질병으로서의 소외는 현대인의 정신병리의 핵심을 이루는 것으로 생각되는데, 그것은 정신병자의 경우처럼 극단적인 것이 아니다. 여기서 이 과정을 설명하기 위해 몇 개의 임상례를 들어 보자. 흔히 일어나는 가장 명백한 소외의 예는 그릇된 '정열적인 사랑'일 것이다. 어떤 여성과 열렬한 사랑에 빠진 사나이가 있는데, 처음에 그녀는 이에 응하지만 얼마 후에는 점차 의심을 품고 이 교제를 갑자기 중지했다고 하자. 그러면 그 사나이는 완전히 우울증에 빠져 자살을 하려고 할 것이다. 그에게 있어 인생은 이미 아무런 의미도 없다, 그 사나이는 이 상황을, 위에서 말한 사건의 필연적 결과라고 설명한다. 그는 처음으로 진정한 사랑이 무엇인가를 체험하고, 이 여성에 의해서—특히 그녀에 의해서만—사랑과 행복을 체험할 수 있었다고 믿는다. 그러므로

22) 이 점에 대한 논의는, 나의 《정기의 사회》; E. Fromm, The Sane Society(New York Rinehart Company Inc.)와 태커의 《칼 마르크스의 철학과 신화》에서 다루고 있다. 또 K. 호나이의 《신경증과 인간의 성숙》; K. Horney, Neuroses and Human Growth (Norton)에 있는, 스스로 움직이지 않고 움직여지는 존재로서의 느낌에 대한 의견이나, 태커가 호나이에 대해 언급하고 있는 부분도 참조하기 바란다.

그녀가 없어지면 이 사나이에게 똑같은 감정을 일으키게 할 사람이 두 번 다시 나타나지 않을 걸로 생각한다. 그러므로 그녀를 잃는 것은 유일한 사랑의 기회를 잃는 것이 된다고 느끼는 것이다. 그렇다면 죽는 편이 낫다. 이 모든 일이 그 사나이에게 있어서는 아주 자명한 일처럼 보이지만, 그의 친구는 다음과 같은 의문을 가질지도 모른다.

지금까지 일반 사람들보다 사랑의 능력이 모자란 듯이 보였던 사람이, 어떻게 이제 와서 사랑하는 사람 없이 살아가기보다는 죽는 편이 낫다고 생각할 만큼 깊은 사랑에 빠지게 되었을까? 깊이 사랑하고 있음에도 불구하고, 자기가 사랑하는 여성과 갈등을 일으킬 듯한 요구를 왜 철회하려 하지 않는 것일까? 그 사나이가 자기가 잃는 것에 대해 얘기할 때, 오직 자기 자신이나 자기 자신에게 일어난 일만을 얘기하고, 자신이 그토록 사랑하던 여성의 감정에 대해서는 전혀 흥미를 나타내려하지 않는 것은 무슨 까닭일까?—라고. 하지만 이 불행한 사나이와 차분히 얘기해 보면, 그가 아주 공허하다고 느끼고, 자기가 잃은 처녀와 함께 자신의 마음도 잃어버린 것처럼 느낀다는 얘기를 한대도 조금도 놀라울 것이 없음을 알게 된다. 만일 그가 자기의 말뜻을 이해할 수 있다면, 그 상태가 소외의 일종임을 이해할 수 있을 것이다. 즉 그 사람은 결코 적극적으로 사랑할 능력을 가진 적도 없으며, 자신의 자아라는 마술적 권내를 벗어난 적도, 또 다른 인간 존재와 접하고 그와 하나가 될 수 있었던 적도 없는 것이다. 그 사람이 할 수 있었던 것은, 이 처녀에게 자신의 사랑에의 동경을 옮겨 심었을 뿐이며, 또 사실은 사랑의 환상을 체험했을 뿐이었는데, 스스로는 '사랑'을 체험했다고 생각한 것이다. 그러므로 사랑에의 동경뿐 아니라 자기의 생명력이나 행복 등을 그 여성에게 부여하면 할수록, 그녀와 헤어졌을 때는 자기가 빈곤해지고 공허하게 느껴지는 것이다, 그 사나이는 현실적으로는 이 여성을 우상, 즉 사랑의 여신으로 삼고, 그녀와 합일함으로써 사랑을 체험했다고 믿었는데, 사실은 환상에 싸여 있었을 뿐이다. 그는 그 여성의 반응을 불러일으켰지만, 자기 내부의 침묵을 넘어설 수가 없었던 것이다. 즉 그녀를 잃었다는 것은, 자신이 생각하고 있는 것처럼 그가 사랑한 사람을 잃은 게 아니라, 사랑할 수 있는 가능성을 가진 인간으로서의 자기 자신을 잃은 것이다.

사상의 소외도 마음의 소외와 같은 것이다. 흔히 사람들은 무엇을 생각해 냈다고 믿고, 그 이념이 자기의 사고활동의 결과라고 생각하는데, 사실은 여론이라든지 신문, 정부, 정치적 지도자 따위의 우상을 자기의 두뇌에 옮겨 놓은 것이다. 또 자기의 사상을 표현한다고 할 때도, 사실은 위에서 말한 바와 같은 것을 자기의 우상으로, 즉 예지와 지식의 신으로 골랐기 때문에 이러한 것의 사상을 자신의 것으로 받아들일 뿐인 것이다. 바로 이러한 이유 때문에 사람은 우상에 종속되며 우상숭배를 버릴 수 없게 된다. 즉 그 사람은 자기의 두뇌를 그들에게 맡긴 셈이므로 그들의 노예가 되었다고 말할 수 있다.

소외의 또 하나의 예는 희망의 소외인데, 그것은 미래를 우상으로 변질시키는 것이다. 이 역사의 우상숭배는 로베스피엘의 사고방식 속에 명료하게 나타나 있다. "자손들이여, 인간성의 아름답고 갸륵한 희망이여, 너희는 우리에게 미지의 것이 아니다. 바로 너희 때문에 우리는 모든 포악한 폭풍우에도 용감히 견디고, 바로 너희의 행복을 생각하기 때문에 우리의 살을 에는 듯한 싸움도 값있는 것이 된다. 우리를 둘러싸는 장애 때문에 용기를 잃었을 때 우리는 너희의 위안을 필요로 한다. 너희야말로 우리의 일을 완성시키고, 미래 인간 세대의 모든 운명을 맡길 수 있는 사람들이다. … 자손들이여, 이 땅 위에 평등과 정의와 행복을 하루 빨리 실현시켜라."[23]

---

23) C. L. 베커, 《계몽철학자의 천국》; Carl L. Becker, The Heavenly city of the Eighteencentury Philsophers(Yale University Press)에서 언급한 것이다.

이와 마찬가지로 마르크스의 역사철학은 흔히 공산주의자들에 의해서도 잘못 해석되고 있다. 이 주장이 갖는 논리란 무엇이든 역사적 경향과 일치된 것은 필연이고 선이며, 그 역 또한 진실이라는 것이다. 이러한 사고방식에서는 로베스피엘의 형에서나 공산주의자의 이론에서나 마찬가지로 역사를 만드는 건 인간이 아니며, 역사가 인간을 만든다는 것이다. 즉 미래에의 희망과 신념을 가지고 있는 것은 인간이 아니며, 미래가 인간을 심판하여 올바른 신념을 가지고 있는지의 여부를 결정한다는 것이다. 마르크스는 지금 인용한 것과 같은 소외된 인간과는 전혀 반대되는 인간관을 간결하게 표현하였다. 그는 신성가족 속에서 "역사가 무슨 일을 하는 것은 아니다. 그것은 거대한 부를 가진 것도 아니고, 싸우지도 않는다. 그것을 행하는 것은 인간, 즉 현실의 살아 있는 인간인 것이다. '역사'는 독립한 존재처럼 인간과 대치하지만, 인간을 그 목적의 수단으로 사용하지는 않는다. 이 목표를 추구하는 것은 인간의 활동 이외의 아무것도 아니다"라고 말하였다.

소외의 현상에는 이 밖에도 임상적 측면이 있는데, 이에 대해서는 간단히 언급해 두겠다. 억울이나 의존, 우상숭배(열광자를 포함한)의 모든 형이 소외의 직접적 표현 내지는 그 대상물이기만 한 것은 아니다. 정신병리학적 현상의 근본에 있는 중심 현상으로서의 자기 동일성 체험의 감퇴라는 현상도 역시 소외의 결과인 것이다. 소외된 사람은 자기의 감정이나 사고기능을 외적 대상으로 변형시켜 버린다. 그렇기 때문에 그 사람은 자기 자신이 아니게 되고, '나'의 감각을 잃으며, 동일성을 느끼지 않게 되는 것이다. 이러한 동일성 감각의 상실에 의해 여러 가지의 결과가 생겨난다. 그 가장 기본적이고 일반적인 것은 전인격의 통합의 장애이다. 그 결과 그 사람은 자신의 내부에서의 해체가 일어나, '하나의 일을 결의할'[24] 능력을 잃거나, 하나의 일을 결의해도 진정한 것이 되질 못한다.

넓은 의미에서는 모든 신경증이 소외의 결과라고도 생각할 수 있다. 즉 하나의 정열(이를테면 돈이나 힘이나 여성 등에 대한 것)이 전인격 중에서 우세해져 분리되고 그 사람을 지배하게 되는 것이 신경증의 특징이기 때문이다. 이 정열이 바로 그가 복종하고 있는 우상인 것이며, 이 우상의 본질을 합리화하거나 여러 가지의 듣기 좋은 이름을 부여한다 해도 사정은 변하지 않는다. 그 사람은 부분적인 욕망에 의해 지배되고, 나머지의 것도 모두 이 욕망으로 바뀌어져 버린다. 그리고 그 사람이 약해지면 약해질수록 '그 욕망'은 더욱 강해진다. 즉 바로 '그'가 자기 자신의 일부의 노예가 되었기 때문에, 자기 자신으로부터 소외되는 것이다.

그렇지만 소외를 병리적 현상으로 생각할 때도, 헤겔이나 마르크스가 이것을 인간의 진화에 고유한 필연적 현상으로 생각했던 사실에 눈을 가려서는 안 된다. 이것은 이성의 소외와 마찬가지로 사랑의 소외에도 해당된다. 외적 세계와 자기 자신을 구별할 수 있어야만, 즉 외적 세계가 대상이 되어야만 비로소 나는 그것을 파악할 수 있고, 자신의 세계로서 다시금 이것과 하나가 될 수 있는 것이다. 신생아에게 있어 세계는 아직 '객체'로서 나타나 있지 않으므로 이성으로써 그것을 파악할 수도 없고, 그것과 합일할 수도 없다. 인간이 그 이성적 활동에 의해 이 간극을 넘어서기 위해서는 우선 소외되지 않으면 안 된다. 사랑에 대해서도 이와 같은 말을 할 수 있다. 유아는 외적 세계로부터 분리되기 전에는 그 일부로 머물러 있기 때문에 사랑한다는 것은 불가능한 일이다. 사랑하기 위해서는 '타자'가 이방인이 되지 않으면 안 되며, 사랑의 행위에 있어서 이방인은 이방인이기를 그만두고 '나'가 되는 것이다. 사랑은 소외를 필수조건으로 삼는다. 그리고 동시에 이것을 초

---

24) S. 키에르케고르의 《마음의 순수함이란 하나의 일을 결의하는 일이다》를 참조.

월하는 것이다. 이와 같은 이념은 구세주의 시대의 예언자의 개념이나, 마르크스의 사회주의 개념에서도 찾아볼 수 있다. 낙원에서 인간은 아직 자연과 한몸이었으며, 자연이나 동료로부터 분리된 것으로서 자기 자신을 자각하지는 않았다.

그러나 인간은 그 불복종 행위에 의해 자각을 획득하고, 세계는 인간으로부터 소외되었다. 예언자의 생각으로는, 역사의 과정에서 인간은 그 인간적인 힘을 충분히 발전시켜 마침내 인간과 자연과의 새로운 조화를 획득하기에 이르는 것이다. 마르크스에 있어서도 인간이 모든 원시적인 기반을 끊어 버리고 완전히 소외되어—더욱이 자기의 통합과 개성을 희생시키는일 없이—인간과 자연으로 다시금 합일할 수 있을 때 비로소 사회주의가 실현되는 것이다.

소외의 개념은 서구적 전통의 가장 낡은 시대에 그 근원이 있다, 구약성서의 예언자의 사상이나 특히 우상 숭배의 개념 속에서 그것을 발견할 수 있다, 일신교의 예언자들은 이교를 하나의 신 대신 여러 신을 신봉했다는 의미에서 근본적으로 우상숭배적이라고 비난한 것은 아니었다. 일신교와 다신교 사이에 있는 본질적인 차이는 신의 수의 문제가 아니라 소외의 사실에 있는 것이다. 인간은 그 정력과 예술적 능력을 기울여 우상을 만들어 내고, 더욱이 자기의 인간적 노력의 결과에 지나지 않는 이 우상을 숭배한다. 인간의 생명력이 '물건' 속으로 흘러들어 이 물건이 우상이 되므로, 자기 자신의 생산적 결과로서는 체험되지 않고, 자신을 떠나고 자신을 초월하며 반항하는 어떤 물건으로서 체험되며, 그 결과로 인간은 그것을 숭배하고 그에 복종하게 된다. 예언자 호세아가 말한 것처럼(14장), "아시리아는 우리를 돕지 않았으며, 우리는 말을 타지 않는다. 우리는 이미 자신의 손으로 만든 것을 향해 '우리의 신'이라 부르지 않는다. 고아는 당신에 의해 연민을 얻으리라" 우상숭배는 자기의 손으로 만든 것에 머리를 숙인다. 즉 우상은 자기의 생명력을 소외된 형태로 표현하는 것이 되는 것이다.

이와는 반대로, 일신교의 원리는 인간이 무한하며, 인간의 부분적 특질로 그 전체를 나타낼 수는 없다는 것이다. 일신교의 개념에 있어서 신은 인식할 수 없고, 정의할 수 없는 것이다. 신은 '물건'이 아니다. 인간이 신의 모양으로 만들어진 것은, 무한한 특질의 소유자로서 만들어졌음을 뜻한다. 우상숭배에서는 인간이 자기의 부분적 특성의 투영에 머리를 숙여 복종하고, 살아 있는 사랑이나 이성적 행위를 방사하는 중심으로서의 자기 자신을 체험할 수 없다. 그 신이 물건인 것처럼 자신도 물건이 되고, 그 이웃사람도 물건이 된다. "모든 나라의 백성들의 우상은 금과 은이며, 사람의 손으로 만든 것이다. 그것은 입이 있어도 말할 수가 없다. 눈이 있어도 볼 수가 없다. 귀가 있어도 들을 수가 없다 그리고 그 입에는 숨결이 없다. 이것을 만드는 사람과 이를 신뢰하는 사람은 모두 이와 똑같은 사람이 된다."(시편 135장)

공업사회에 사는 근대인은 우상숭배의 형과 강도를 바꾸었다. 즉 근대인은 그들의 생활을 지배하는 맹목적인 경제력의 대상이 된 것이다. 그리고 자신의 손으로 만든 작품을 숭배하고, 자기 자신을 물건으로 변화시켰다. 노동자 계급만이 소외된 것이 아니라(사실 소외되어 있다고 해도, 숙련 노동자는 사람이나 상징을 다루는 사람보다 소외되는 정도가 적은 것처럼 보인다), 모든 사람들이 소외된 것이다. 그 정치적 구조의 여하를 불문하고 구미의 공업화된 나라들에서는 이 소외 때문에 새로운 항의운동이 일어났다. 소외는 공업화된 세계 전체의 종교적·정신적·정치적 전통을 해치고 파괴하며, 또 핵전쟁에 의한 전반적 파괴의 공포에 직면케 하여, 공업화된 세계 전체는 광기의 일보 직전까지 이르렀다. 마르크스는 포이에르바흐나 키에르케고르처럼 단지 이 '질병'을 꿰뚫어 보았을 뿐만 아니라, 현대의 우상숭배는 현대의 생산양식에 의거한다는 것, 그리고 인간의 정신적 해방을 수반하고 경제적・사회적 게슈탈트를 완전히 변화시킴으로써 비로소 이 우상숭배를 바꿀 수 있다는 것을 꿰뚫어 보았는데, 이 때문에 마르크스가 근대인의 질병의 중심적 문제를 인식하고 있었음을 아는 사람이 많아졌다.

정신질환에 대한 프로이트와 마르크스의 견해를 각각 요약해서 논하면, 프로이트는 원래 개인의 상태에 관심이 있었으며, 마르크스는 사회에 공통된 상태와 그 사회의 특수한 체계에서 오는 특수한 상태에 관심이 있었음을 알게 된다. 또 마르크스와 프로이트의 정신병리의 내용이 전혀 달랐음을 알 수 있다. 프로이트는 병태를 본질적으로 '이드'와 자아 사이의 적당한 밸런스를 발견하는 일에 실패한 때문이라고 보았으며, 마르크스는 19세기에 세기병이라고 불렸던 인간의 자기의 인간성으로부터의 소외와, 동포로부터의 소외라는 본질적인 질병을 생각하였던 것이다.

그러나 또 프로이트만 해도 전혀 개인적인 병리에 대해서만 생각하지 않았다는 것은 흔히 간과되기 쉬운 일이다. 그도 '사회신경증'에 대해 말하였다. "문명의 진화와 개인의 진화가 이처럼 아주 유사하고, 양쪽이 모두 똑같은 수단을 적용하였다고 한다면, 많은 문명 체계, 또는 그 시대, 나아가서는 인간성 전체가 문명화의 영향으로 '신경증적'으로 되어 있다는 진단을 내렸다고 해도 당연하지 않을까? 이 신경증을 정신분석학적으로 음미하면, 많은 실천적 흥미를 일으킬 수 있는 치료상의 제안이 생겨날지도 모른다. 이러한 정신분석학을 문명 사회에 적용하려는 시도가, 현실과 유리된 것이라거나 효과가 없다고 내가 생각하는 것은 아니다. 그러나 아무튼 우리는 유사한 것을 다룰 뿐이며, 인간뿐만 아니라 개념 역시 그것이 생성 발전해 온 영역으로부터 분리시켰을 경우에 위험이 생겨남을 충분히 주의하고 잊지 않도록 하지 않으면 안 된다. 더욱이 집합적 신경증을 진단하려하면 특수한 장애에 직면하게 된다. 개인의 신경증의 경우에는 정상으로 보이는 환경과 환자 사이에 존재하는 대립을 출발점으로 사용할 수 있다. 그러나 같은 장애가 있는 사회에는 그러한 배경이 결여되어 있으므로 어떤 다른 방법으로 이것을 보완하지 않으면 안 된다. 그런데 우리가 가진 지식을 치료적으로 적용하게 되면 가장 풍부한 통찰력으로써 사회적 신경증을 분석해 본대도, 도대체 무슨 소용이 있겠는가? 왜냐하면 공동체에 치료를 강요할 힘을 가진 사람은 아무도 없기 때문이다. 이러한 여러 가지 어려운 점이 있지만, 언젠가는 문명 공동체의 병리학의 연구를 기도하는 사람이 나올 것을 기대할 수 있다고 생각한다"[25]라고 프로이트는 썼다.

그러나 프로이트가 '사회적 신경증'[26]에 흥미가 있었음에도 불구하고, 프로이트와 마르크스의 생각 사이에는 근본적인 차이가 남아 있다. 마르크스는 사회에 의해 형성된 인간을 보았으므로, 그 사회의 특질 속에서 병태의 근원을 생각했다. 프로이트는 인간을 기본적으로 가족 그룹 속에서의 체험에 의해 형성되는 것으로 생각하였으므로, 가족이 사회의 대표자 또는 대리자라는 점에는 별로 주의를 기울이지 않고, 주로 여러 가지의 사회가 요구하는 억압의 양적 문제에 눈을 돌렸으며, 일정한 사회가 그 성원의 사고나 감정의 질에 부여하는 사회의 질에 의한 영향이나, 사회 조직에 대한 질적 문제에 대해서는 별로 주의를 기울이지 않았다.

정신병리학에 대한 마르크스와 프로이트의 생각 사이에 존재하는 차이에 관한 이 논의는 요점만을 설명한 것인데, 여기서 그들의 생각이 같은 방법에 의거하였다는 사실도 또 하나 덧붙여 둘 필요가 있으리라고 생각한다. 프로이트에게 있어, 신생아의 제1차 나르시시즘 상태나 그 후의 리비도 발전으로서의 구순적 · 항문적 단계는 진화과정의 필연

25) S. 프로이트 《문명에 있어서의 불쾌》; S. Freud, Das Unbehagen in der Kurtur.
26) 나는 《정기의 사회》에서 현대의 '사회적 신경증'과 '정상성의 병리'를 분석하려 한다.

적 단계라는 의미에서 '정상적'인 것이었다. 종속적이고 탐욕스런 신생아는 병이 아니다. 하지만 어린아이의 구순적 수준에 '고착'하거나 '퇴행'한, 종속적이고 탐욕스런 성인은 병인 것이다. 이 신생아와 성인은 주로 같은 요구와 노력을 하는데, 어째서 한쪽은 건강하고 한쪽은 병인가? 이 해답이 진화의 개념 속에 있음은 명백한 사실이다. 일정한 단계에서는 정상적인 일도 다른 단계에서는 병이다. 바꾸어 말하면, 하나의 단계에서 필연적인 것은 정상적이며 합리적이다. 그리고 진화의 관점에서 보아 불필요한 것은 불합리하며 병적이다. 신생아 단계를 '반복'하는 성인도, 그 사람이 이미 어린아이가 아니라는 사실을 생각하면 그것을 반복할 수는 없을 것이다.

마르크스는 헤겔을 좇아, 사회에 있어서의 인간의 진화를 보는 관점에 대해 같은 방법을 사용했다. 원시인·중세기인 및 산업사회의 소외된 인간은 각기 병들어 있었으면서 또한 병들어 있지 않았다. 왜냐하면 이것이 진화의 단계에 있어 필연적인 것이기 때문이다. 신생아가 어른이 되기 위해서는 생리적으로 성숙할 필요가 있듯이, 인류도 완성된 인간이 되기 위해서는 자연과 사회를 지배하는 과정에서 사회학적인 의미에서 성숙되지 않으면 안 된다. 과거의 불합리성은 모두 '유감스러운 일이긴 하지만 필연적인 것'이라는 의미에서 합리적인 것이다. 하지만 인류가 통과하지 않으면 안 될 진화의 단계에서 정지하거나, 역사적 상황이 가져오는 가능성을 스스로 부정하면 그 존재의 상태는 불합리한 것, 즉 마르크스의 말에 따르면 병적인 것이 된다. 마르크스와 프로이트 쌍방의 병리 개념은 개인과 인류의 역사의 진화 개념에 대해 생각하여야만 비로소 충분히 이해할 수 있는 것이다.

7. 정신위생의 개념

지금까지 개인적 병태와 사회적 병태에 대해, 마르크스와 프로이트의 견해 사이에 존재하는 유사성과 모순을 얘기해 왔다. 여기서는 정신위생의 개념에 대해, 그들 견해의 유사성과 차이를 살펴보자.

우선 프로이트부터 시작하기로 한다, 프로이트에 의하면 어떤 의미에서는 '건강'하다고 말할 수 있는 것은 원시인뿐이다. 원시인은 억압이나 욕구불만이나 승화를 필요로 하지 않으며, 모든 본능적 욕구를 만족시킬 수 있다(본능의 만족을 수반한 무제한한 인생을 원시인이 보낸다는 프로이트의 생각은 로맨틱한 허구에 지나지 않는다. 이것은 현대 인류학에서 보면 명백한 사실이다). 그러나 프로이트가 역사적 사색에서 눈을 돌려 현대인을 임상적으로 살피기 시작하면 이 원시적 정신위생이라는 생각은 문제가 되지 않는다. 즉 문명인이 완전히 건강해지거나, 그런 의미에서 행복해질 수 없다는 것은 사실인지 모르지만, 그럼에도 불구하고 프로이트는 정신의 건강을 형성하는 것에 대해 확고한 기준이 있었다. 그리고 이 기준은 프로이트의 진화 학설 속에서 이해되어야 한다. 이 학설은 주로 두 개의 측면, 즉 리비도의 진화와 인간의 타자에 대한 관계의 진화라는 양면을 지니고 있다. 리비도 진화의 학설에서는 리비도, 즉 성적 동인으로서의 에너지가 진화를 거친다고 가정한다. 그 에너지는 우선 어린아이의 구순 활동—빨고 무는 일—에 집중되고 이어 항문활동—배제—에 집중된다. 그리고 대여섯 살쯤 되면 리비도가 비로소 성기에 모인다. 그러나 이 초기 성감은 충분히 발전하지 않고, 여섯 살 때쯤 최초의 '남근기'와 사춘기의 시초 사이에는 '잠재기'가 있으며 그 동안 성적 발전은 정지하므로, 사춘기 초기가 되어야만 비로소 리비도 발전과정은 충분히 개화하게 된다.

그러나 이 리비도 발전과정은 결코 단순한 것이 아니다. 여러 가지의 사건, 특히 지나친 만족이나 욕구불만은 어린아이를 초기의 수준에 '고정'시키기 때문에, 완성된 성기적 수준에 도달할 수 없거나, 성기적 수준에 도달한 후에도 초기의 수준으로 퇴행시킨다. 그 결과 그런 사람은 신경증 증상(성적 불능 등)이라든지 신경증적 성격 특징(지나치게 종속적이거나 수동적인 인간)을 나타내게 된다. 프로이트에게 있어 '건강'한 사람이란 퇴행하는 일 없이 '성기적 수준'에 도달할 수 있었던 사람이며, 성인으로서의 존재를 다하는 사람이다. 즉 이러한 사람은 일을 할 수 있으며, 알맞은 성적 만족을 얻고 있다. 즉 바꾸어 말하면 물건을 생산할 수 있고, 종족을 번식시킬 수 있는 것이다.

'건강'한 사람이 가진 또 하나의 측면은 대상 관계에 나타나는 것이다. 신생아는 아직 아무 대상 관계도 갖지 않는다. 이것이 '제1 나르시시즘' 상태이며, 그 경우 현실이란 자기 자신의 몸과 정신에 대한 체험에 지나지 않고, 외적 세계는 정서적으로는 물론이고 개념적으로도 존재하지 않는다. 이어 어린아이는 어머니에 대한 강한 집착을 갖게 된다. 그 집착은 적어도 사내아이의 경우는 성적인 것이 되지만, 아버지로부터 거세당할 것을 두려워하여 깨어지게 된다. 이리하여 어린아이는 어머니에 대한 집착에서 아버지에의 충절로 옮아간다. 그러나 동시에 아버지의 명령이나 금지를 받아들임으로써 어린아이는 아버지를 동일화한다. 그리고 이 과정을 통해 어린아이는 아버지나 어머니로부터 독립을 획득하는 것이다. 그러므로 프로이트에게 있어 건강한 사람이란 성기 수준에 도달하고, 부모로부터 독립하여 자기 자신의 주인이 되며, 자기의 이성과 힘에 의지할 수 있게 된 사람을 말한다. 그러나 프로이트의 정신적 건강 개념의 요점은 명확한 것이라 하더라도, 이 개념에는 뭔가 막연한 데가 있으며, 그 정신질환의 개념에서 볼 수 있는 바와 같은 명확성과 통찰력이 빠져 있음은 부정할 수 없다. 사실 이 개념은 성적 및 경제적 능력을 갖고 있던 20세기 초기의 중산계급의 활동적인 멤버에 들어맞는 것이다.

마르크스의 건강한 인간의 상은 스피노자, 괴테, 헤겔에 의해 만들어진 독립적·활동적·생산적 인간이라는 인도주의적인 개념에 의거한다.

건강한 인간에 대한 마르크스와 프로이트의 상은 독립성이라는 점에서는 일치한다. 그러나 프로이트의 독립성이 한계가 있는 데 비해, 즉 아들이 아버지의 명령이나 금지의 체계를 받아들임으로써 아버지로부터 독립하고, 아버지의 권위를 자기 자신 속에 유지하며, 아버지나 사회의 권위에 간접적으로 의존하는 데 비해, 마르크스의 개념은 그것을 초월한다. 마르크스에게 있어 독립과 자유는 자기 창조의 행위에 의거하는 것이다. "어떤 존재가 자기 자신의 주인이 되기 전에는 독립된 것으로 간주할 수 없으며, 스스로 그 존재의 책임을 지게 되어야만 비로소 자신의 주인이 될 수 있는 것이다. 타인의 배려에 의해 생활하는 인간은 자신을 종속적인 존재로 생각하게 된다. 그런데 내가 타인의 덕으로 생활을 유지할 뿐만 아니라 타인이 내 생활을 만들어 낸다면, 즉 타인이 내 생활의 원천이라면 나는 완전히 타인의 은혜에 의해서 생활하는 셈이 된다. 즉 내 생활이 자기 자신이 창조한 것이 아니라면, 내 생활은 필연적으로 자기의 외부에 그 근거를 갖게 된다"[1]고 마르크

1) 《경제학 · 철학 소고》.

스는 썼다. 또 마르크스가 말하는 바와 같이, '인간은 전인간으로서의 그 개성을 본다든지, 냄새 맡는다든지, 맛본다든지, 느낀다든지, 생각한다든지, 바란다든지, 사랑한다든지 하는 개개의 세계에 대한 관계 속에서 확인했을 때, 요약하면 그 개성이 가지고 있는 모든 기관을 확인하고 표현했을 때', 즉 무엇으로부터의 자유뿐만이 아니라 무엇에의 자유를 획득했을 때에 비로소 독립된 인간이 되는 것이다. 마르크스에게 있어 자유와 독립은 단지 자유주의적인 의미에서의 정치적·경제적 자유가 아니라, 개성의 적극적인 실현이었다. 즉 그의 사회주의의 개념이란 개인의 인격을 실현시키는 데 도움을 주는 사회 질서 이외의 아무것도 아니었던 것이다.

또 마르크스는 "(이러한 조잡한 공산주의)는, 이중의 형태로 그 모습을 나타낸다. 첫째로 물적 재산의 지배가 너무 크게 이 공산주의의 앞을 가로막기 때문에 사유재산으로 소유할 수 없는 모든 것을 부정하려 한다. 그리고 억지로 재능 따위를 무시하려 한다. 이 공산주의에 있어서는 신체적인 직접적 소유가 생활이나 생존의 유일한 목적으로 간주된다. 노동자의 역할은 지양되지 않고 모든 사람들에게 확대된다. 사유재산과의 관계는 물적 세계에 대한 공동체의 관계로서 그대로 남는다. 마지막으로 사유재산에 대해 보편적 사유재산을 대치하려고 하는 이 경향은, 결혼(그것은 확실히 배타적인 사유재산의 한 형태이다)에 대해 여성의 공유—여성이 공동체의 공통된 재산이 된다는 것이다—를 대치한다는 동물적인 형태로 나타난다."[2] 여성 공유라는 이 사상이야말로 말할 수 없이 조잡하고 무반성한 이 공산주의가 갖는 공공연한 비밀이라고 할 수 있을 것이다. 즉 여성이 결혼에서 전반적인 매춘으로 나가듯이, 부의 전 세계(즉 대상적 존재로서의 인간)는 공동체와의

2) 마르크스는 여기서, 모든 것이 공유재산이라면 여자도 그래야 한다고 생각한, 당시의 한 색다른 공산주의 사상가의 생각을 가리킨다.

전반적인 매춘으로 나가는 것이다.

인간의 인격을 도처에서 부정하는 이러한 공산주의는, 인격의 부정인 사유재산의 철저적 표현에 지나지 않는다. 힘으로서 조직되는 보편적인 질투야말로, 재생되고 다른 방식으로 만족되는 위장된 탐욕 이외의 아무것도 아니다, 모든 개인적 사유재산의 사상은 적어도 보다 부유한 사유재산에 대해 질투와 모든 것을 평균적 수준으로 끌어내리려는 욕망으로서 나타나는 것이며, 그 결과로 질투와 평균화는 경쟁의 본질을 형성하게 되어 있다. 조잡한 공산주의자는 머릿속에서 생각한 최저선에서 출발하여 이러한 질투와 평균화를 완성시키는 것에 지나지 않는다. 이 사유재산의 폐지가 진정한 귀속과 거의 아무런 관계도 없음은, 문화나 문명의 전 세계가 추상적으로 부정되고, 더욱이 사유재산을 넘어서기는커녕 아직 한번도 사유재산에 도달한 적도 없는 가난하고 무욕한 개인이라는 부자연스러운 단순성으로 퇴행하는 것으로도 알 수 있다. 이 공동체는 다만 노동의 공동체일 뿐이며, 공동체적 자본, 즉 보편적인 자본가로서의 공동체가 지불하는 급료가 평등한 공동체일 뿐이다. 이 양자의 관계는 머리에서만 생각한 보편성을 갖기에 이른다. 즉 노동은 각자가 그 속에 놓여 있는 운명으로서, 또 자본은 공동체의 보편성과 힘을 나타내는 것으로서 공인되는 것이다"[3]라고 말하였다.

프로이트의 독립된 인간이 어머니에의 종속으로부터 자기를 해방하는 데 비해, 마르크스의 독립된 인간은 자연의 종속으로부터 자기를 해방하는 것이다. 그러나 이 두 개의 독립 개념에는 하나의 중요한 차이점이 있다. 프로이트의 독립된 인간은 기본적으로 자기 충족적인 인간이다. 그것은 자기의 본능적 욕망을 만족시키는 수단으로서 타자를 필요로 할 뿐이다. 그리고 남자와 여자는 서로 필요하기 때문에 이 만

3) 《경제학 · 철학 소고》.

족도 상보적인 것이다. 그러나 이 관계는 시장에서 물건을 사는 사람과 파는 사람이 각기 교환이라는 점에서 관심이 서로 일치되는 것처럼, 2차적으로 사회적일 뿐 제1차적인 것은 아니다. 하지만 마르크스에게 있어 인간은 원래 사회적인 존재이다. 인간은 자기의 욕망을 만족시키는 수단으로서 동료를 필요로 하는 게 아니라, 그 동료나 자연과 관계를 가짐으로써 비로소 자기 자신이 되고 인간으로서 완전한 것이 되기 때문에 동료를 필요로 하는 것이다.[4)]

마르크스의 입장에서 독립된 자유로운 인간은 동시에 활동하고 관계를 가지며 생산하는 인간이다. 스피노자는 헤겔이나 괴테와 더불어 마르크스에게도 중대한 영향을 미쳤는데, 그는 인간을 이해하기 위한 중심적 개념이 능동성 대 수동성이라고 생각하였다. 그리고 능동적 감정과 수동적 감정을 구별한 것이다. 전자(불굴의 정신과 관대함)는 개인에 그 기원을 두고 있으며, 그에 적합한 이념을 가져오는 것이다. 그러나 후자는 인간을 지배하고, 인간을 정열의 노예로 만들며, 부적당하고 불합리한 이념과 결부시킨다. 이 지식과 감정의 관계는 괴테와 헤겔이 진정한 지식의 본성이라는 것을 강조했기 때문에 풍부하게 되었다. 지식이란 주관과 대상의 간극에서 얻어지는 게 아니라, 관련에 의해 얻어지는 것이다. "인간은 세계에 대해 알 수 있는 정도밖에는 자기 자신을 알 수 없다. 인간은 자기 자신 속에서만 세계를 알며, 세계 속에 있음으로써 비로소 자기 자신을 자각할 수가 있다. 그러므로 새로운 대상을 정말로 인식하면 우리 자신 속에 있는 새로운 기관이 열리게 된다"[5)]고 괴테는 말하였다. 《파우스트》 속에서 괴테는 '영원히 노력하는' 인간이라는 이 개념을 가장 선명하게 그려내었다.

---

4) 알프레드 아들러는 인간의 기본적인 사회적 본성을 강조했는데, 마르크스나 독일 계몽 사상가와 같은 깊은 개념을 갖고 있지는 않았다.

5) 《에커만과의 대화》 1826년 1월 29일; J. P. Eckermann, Gesprache mit Goethe.

인간이 그 존재 자신으로부터 던지는 물음에 대한 궁극적인 해답은, 지식에 의해서나, 힘에 의해서나, 성에 의해서도 얻을 수 없는 것이다. 그의 동포와 하나가 된 자유롭고 생산적인 인간이라야만 비로소 인간의 존재에 대한 올바른 해답을 얻을 수 있는 것이다. 또 마르크스의 인간 개념은 역동적인 것이었다. 인간적인 정열은 "대상에 대해 정력적으로 노력하는 인간의 본질적인 힘이다"라고 그는 말하였다. 인간 자신의 힘은 세계와 관계를 갖는 과정에서만 발전시킬 수 있는 것이다. "눈의 대상이 인간적인 사회적 대상, 즉 인간에 의해 만들어진 인간을 위한 대상이 되었을 때 비로소 눈은 인간적인 눈이 된 셈이다. 그러므로 감각은, 그 실천에 있어서 바로 이론을 갖는 것이 된다. 그리고 감각은 사물을 위해 사물과 관계를 갖는다. 그러나 사물 자체는 자기 자신과 인간에 대한 객체로서의 인간적 관계인 것이며, 그 역도 또한 진실이다. 그러므로 욕구나 향락이 이기적인 성질을 잃고, 또 자연이 단순한 효용성을 잃은 것은 자연의 효용이 인간적인 효용으로 되었기 때문인 것이다(실천에 있어, 나는 사물에 대해 인간적으로 관계를 가질 수 있을 뿐이며, 사물도 인간에 대해 인간적으로 관련을 갖는 것이다)."[6]

우리의 감각이 자연과 생산적으로 관계를 갖는 과정에서 발전하여 인간적인 감각이 되듯이 우리의 인간에 대한 관계도 사랑한다는 행위에 의해 인간적인 관계가 된다고 마르크스는 말한다. "인간을 인간으로서, 또 세계에 대한 인간의 관계를 인간적인 관계로서 생각해 보자. 그러면 사랑은 다만 사랑하고만, 신뢰는 다만 신뢰하고만(그 밖의 경우와 마찬가지로) 교환할 수 있음을 알 수 있다. 예술을 즐기고자 한다면 예술적 교양을 쌓은 인간이 아니면 안 되며, 또 다른 인간에게 감화를 미치고자 한다면 실제로 타자를 격려하고 용기를 불어넣는 인간이 아

6) 《경제학 · 철학 소고》.

니면 안 된다. 인간이나 자연에 대한 관계는 모두 당신의 의지의 대상이 되는 것에 따라 생겨나는, 당신 현실의 개성적 생명에 특유한 표현이어야 할 것이다. 만일 당신이 상대의 사랑을 불러일으키는 일 없이 사랑한다면, 즉 사랑하는 인간으로서의 당신 자신의 표현에 의해 스스로 사랑받는 인간이 될 수 없으면, 그때 당신의 사랑은 무력하며, 하나의 불행이다."[7]

완성되고 건강해진 인간은 생산적인 인간이며, 세계에 대한 진정한 관심을 갖고 그에 반응하는 인간, 즉 풍부한 인간인 것이다. 이 충분히 발달한 인간에 대비시켜, 마르크스는 자본주의 체계 밑에서의 인간상을 그렸다. "유용한 것이 지나치게 많이 생산되면 쓸모없는 사람이 너무 많아진다."[8] 현대의 체계 속에서는, 인간이 풍부하게 가지고 있지만 빈약하다. 충분히 발달된 인간이란 풍부하다는 의미에서 유복한 인간이다. 마르크스에게 있어 "공산주의는 인간이 자기소유로서의 사유재산을[9] 적극적으로 지양하고, 인간에 의한 인간을 위한 인간성을 진정한 의미에서 획득하는 것이다. 그러므로 공산주의란 사회적, 즉 진정한 인간적 존재로서의 인간으로 되돌아가는 일이며, 또 지금까지의 발전의 모든 성과의 종합으로서의 완전한 의식적 복귀인 것이다. 즉 완성된 자연주의로서의 공산주의는 인도주의이며, 그것은 또 완성된 인도주의라는 의미에서 자연주의인 것이다. 그것은 인간과 자연 사이의, 그리고 인간과 인간 사이의 항쟁의 경정적인 해결이며, 또 존재와 본질

---

7) 위와 같음.
8) 위와 같음.
9) 마르크스가 여러 장소에서 '사유재산'이라는 말을 사용할 때, 결코 집이나 책상처럼 사용을 목적으로 하는 사적 재산을 의미한 것은 아니었다. 그는 '재산계급', 즉 자본가의 재산을 의미한 것이다. 자본가는 생산수단을 소유함으로써 재산을 갖지 않는 개인을 고용할 수 있고, 강제적으로 조건을 붙일 수 있는 것이다. 그러므로 마르크스의 입장에서 '사유재산'이란 항상 자본가 계급 내부에서의 사적 재산을 의미하는 것이며, 그 때문에 이 말은 사회적 · 역사적 범주에 속하는 것으로 되어 있다. 그러므로 이 말은 사용을 목적으로 하는 '사력재산'을 의미하는 것이 아니다.

과의, 대상화와 자기 확인과의, 자유와 필연과의, 개체와 종류 사이 분쟁의 진정한 해결이다. 이것은 역사 수수께끼의 해결이며, 더욱이 그 해결에 이를 것은 자명한 것이다."[10]

---

10) 《경제학 · 철학 소고》.

8. 개인적 성격과 사회적 성격

마르크스는 사회의 경제적 기초와 정치적·법적 제도, 철학, 예술, 종교 등과의 사이에 있는 상호 의존관계를 가정했다. 마르크스주의의 학설에 의하면 전자가 후자, 즉 '이데올로기적 상부구조'를 규정하는 것이다. 그러나 마르크스와 엥겔스는, 엥겔스가 명백히 인정했듯이, 이 경제적 기초가 어떻게 해서 이데올로기적인 상부구조로 변환하는지를 밝히지는 않았다. 내 생각으로는, 정신분석의 무기를 사용함으로써 마르크스의 학설에 있는 이 갭을 메울 수 있고, 경제적 기초구조와 상부구조를 결부시키는 기구를 밝힐 수가 있을 것 같다. 이 결합 중의 하나가, 내가 말하는 사회적 성격 속에 있고, 또 하나는 다음 장에서 설명할 사회적 무의식의 본질 속에 있다.

'사회적 성격'의 개념을 설명하기 위해서는 우선 프로이트의 가장 중요한 발견 중의 하나인 성격의 역동 개념에 대해 개관하지 않으면 안 된다. 프로이트 이전의 행동주의적인 심리학자에게 있어 성격 특징이란 행동 특징과 동의어로 생각되었다. 이 관점에서 보면 성격은 "어떤 개인의 특징적인 행동의 형이다"라고 규정할 수 있다.[1] 한편 윌리엄 맥두갈, R. G. 골돈, 클레추머 등의 연구자들은 성격 특징의 의욕적·

1) L. E. 힌지 및 야콥 샤키의 《정신의학 사전》.

역동적 요소를 강조하였다.

프로이트는 성격이 행동의 배후에는 있지만 이와 동일하지 않은 충동체계로 생각한 최초의 사람이었을뿐만 아니라, 가장 시종일관되고 통찰력이 풍부한 학설을 발전시킨 사람이기도 했다.

프로이트의 역동적 성격 개념을 올바로 평가하기 위해서는 행동의 특징과 성격 특징을 비교하는 것이 편리하다. 행동 특징은 제3자로부터 관찰된 행위에 의해서 기재된다. 이를테면, '용감한' 행동 특징이란 일정한 목표에 도달하기 위해 편안함이나 자유나 생명의 위험까지도 돌보지 않고 돌진하는 행동으로 규정된다. 또 인색한 행동 특징이란 돈이나 그 밖의 물질을 절약하는 일을 목적으로 한 행동으로 규정된다.

그러나 여기서 그 동기, 특히 그러한 행동을 특징짓는 무의식적 동기에 대해 생각해 보면, 행동 특징은 전혀 다른 수많은 성격 특징에 의해 나타나는 것을 알 수 있다. 용감한 행동은 야심이 동기가 되어 일어나는 수도 있으므로 그 사람은 존경받고 싶다는 열망을 만족시키기 위해 일정한 상황에서는 생명의 위험을 무릅쓸 것이며, 똑같이 용감한 행동이 자살충동이 동기가 되어 일어날 경우에는 의식적·무의식적으로 자신의 생명을 무가치하게 생각하여 자기를 파괴하고 싶어하기 때문에 위험한 일을 찾을 수도 있을 것이다. 또 완전히 상상력이 결여되어 있기 때문에 자기를 기다리는 위험을 알아채지 못하고 용감한 행위를 하는 사람도 있을 수 있다.

그리고 또 그 사람이 가진 이념이나 목적에 대한 진정한 헌신에 의거하는 경우도 있는데, 이것이 일반적으로 용기의 바탕이라고 생각되는 동기인 것이다. 이 모든 경우에 있어 동기가 서로 다름에도 불구하고 표면적으로는 같은 행동으로 나타난다. 내가 '표면적'이라고 한 것은, 만일 그러한 행동을 상세히 관찰한다면, 동기의 차이에 따라 행동에도 미묘하긴 하지만 중요한 차이가 나타나기 때문이다. 이를테면 싸움터에서의 사관은, 그 용기가 야심이 아닌 이념에 대한 헌신에 의한 것, 다른 상황에 대해 전혀 다른 행동을 취할 것이다. 이 경우 사관은 전술적 목표에 비해 비교가 되지 않을 만큼 위험이 큰 상황에서는 공격을 하지 않을 것이다. 한편 그 사관이 허영심에 의해 움직인다면 그 정열 때문에 자기 자신이나 병사들을 위협하는 위험에는 틀림없이 장님이 되어 버릴 것이다.

또 하나 '인색'의 예를 들어 보자. 어떤 사람은 경제적 환경의 필요에 따라 절약가가 될 수도 있을 것이다. 또 좀스러운 성격 때문에 현실적인 필요성을 무시하고 절약하기 위해 절약하는 인색한 사람도 있을 것이다. 여기서도 동기에 따라 행동 자체가 약간 달라진다. 전자의 경우, 그 사람은 어디서 절약하고 어디서 돈을 쓰면 좋은가 하는 상황을 쉽게 판단할 수 있을 것이며, 후자의 경우는 객관적인 필요성이야 있건 없건 절약할 것임에 틀림없다.

동기의 차이에 따라 규정되는 요소로서는 그 밖에 행동의 예측과 관계되는 것이 있다. 야심이 동기가 되어 있는 용감한 '병사'의 경우에는 그 용기가 보상받을 때에만 용감하게 행동하리라는 예측을 할 수 있다. 또 헌신감 때문에 용감해진 병사의 경우는 그 용기를 인정받을지의 여부는 거의 행동에 영향을 미치지 않을 것이다.

프로이트는 위대한 소설가나 극작가라면 누구나 알고 있었을 무엇인가를 파악하였던 것이다. 즉 발작이 주장한 것처럼, 성격의 연구는 '인간에게 동기를 부여하는 힘'을 다루는 것인데, 사람이 행위를 하고 느끼고 생각하는 방식은 대부분 그 성격의 특수성에 의해 규정되며, 현실적 상황에 대한 합리적 반응의 결과만이 아니라는 것이 그의 주장이다. 프로이트는 성격 특징의 역동적 특질에 대해 생각하고, 사람의 성격 구조는 에너지가 생활과정 속에서 방향지어진 그 특수한 형식을 나타낸 것으로 보았다. 프로이트는 이 성격 특징의 역동적 본질을, 리비도 학설과 성격학설을 결부시켜 설명하려 했다. 일련의 복잡하고 천재적인 가설을 사용하여, 그는 여러 가지의 성격 특징을 여러 형태의 성적 충동에 대한 '승화'나 '반동 형성'으로 설명했다. 즉 성격 특징의 역동적 본질은 리비도적 원천의 표현이라고 해석한 것이다.

프로이트가 말하는 의미에서의 성격 지향은 인간의 행위와 이념의 원천이 되는 것이다. 성격이란 인간에게는 없는 동물의 본능적 규정과 동일한 것이다. 사람은 그 성격에 따라 행위하고 생각하는데, 헤라클레이토스가 "성격은 인간의 숙명이다"라고 말한 것은 바로 이러한 이유 때문이다. 인간은 그 성격에 의해, 일정한 방식으로 행위하고 생각하려고 하는 동기를 갖는 동시에, 그렇게 했다는 사실 때문에 만족하는 것이다. 성격구조는 사고가 이념을 결정하듯이 행위까지도 결정한다. 두서너 가지 예를 들어 보자. 항문저장적 성격에 있어, 검약의 이상은 가장 매력적이며, 사실 검약을 최고의 덕의 하나로 생각하는 경향이 있다. 이러한 사람은 검약을 장려하고 낭비를 금하는 생활방식을 좋아한다. 그리고 자기를 지배하는 충동에 따라 상황을 해석하는 경향이 있다. 이를테면 책을 사거나 영화를 보거나 무엇을 먹는 일 따위를 결정할 경우에도 '어떤 게 경제적인가' 하는 것만을 주로 생각하고, 자신의 경제환경에 비추어 보아 이 선택 원리가 정당한지의 여부를 돌보지 않는다. 그리고 또 여러 가지 개념 역시 같은 방식으로 해석한다. 그런 사람에게 있어 평등이란 모든 사람이 정확하게 자기 몫을 배당받는 것을 의미하며 다른 성격의 사람이 생각하는 바와 같은, 인간을 타자의 목적의 수단으로 사용해서는 안 된다는 의미에서의 평등이 아니다.

구순수용적 성격 지향을 갖는 사람은, '모든 선의 원천'이 외부에 있다고 느끼고, 더욱이 자기가 찾는 사물이나 애정, 사랑, 지식, 기쁨 등은 모두 외부에 있는 원천에서 얻을 수 있다고 믿었다. 이러한 사람은 '사랑받는 일'만을 생각하고 사랑하는 일을 생각하지 않게 된다. 이러한 사람들은 사랑의 대상을 무차별하게 선택하는 경향이 있다. 왜냐하면 누구에게서 사랑을 받는다는 체험이 너무 크기 때문에, 자기를 사랑해 주는 사람이나 사랑해 줄 것처럼 보이는 사람에게 흠뻑 '빠져' 버리는 것이다. 그리고 자기를 사랑해 주는 사람이 사랑을 철회하거나 거절하는 일에 대해 극단적으로 민감해진다. 이러한 느낌은 사고의 분야에서도 마찬가지로 나타난다. 지성에 대한 경우, 그 사람은 이념을 받아들일 뿐이고 만들어 낼 생각을 하지 않으므로, 훌륭한 수용자이긴 하지만 자기 혼자 내버려져 있게 되면 마비된 것처럼 느낀다. 이러한 사람의 특징은, 스스로는 아무 노력도 하지 않고 우선 필요한 정보를 마련해 줄 사람을 찾으려고 생각하는 일이다.

종교에 대한 경우도, 그런 사람의 신의 개념은 신에게 모든 것을 기대하는 것이며, 스스로는 아무런 노력도 하려 하지 않는다. 종교적인 것 이외의 경우도, 사람이나 제도에 대한 관계는 거의 같은 것이다. 그리고 항상 '마술적인 원조자'를 찾는다. 그들은 특수한 형태의 충실성을 나타내지만. 그 밑바닥에 있는 것은 자신을 길러 주는 대상에 감사하고, 항상 그것을 잃지 않으려고 하는 두려움이다. 그 때문에 안전감을 느끼기 위해서는 많은 사람을 필요로 하므로 수많은 사람들에게 충실하지 않으면 안 된다. 그리고 그들에게 있어 '아니'라고 말하기는 어려우므로 온갖 충절이나 약속 때문에 생겨나는 갈등에 휩쓸리기 쉽다. '아니'라고 말할 수 없기 때문에 모든 것, 모든 사람에 대해 '좋다'라는 말을 하고 싶어하고, 그 때문에 비판적 능력이 마비되어 더욱더 타자에 종속적으로 된다. 그들은 지식이나 원조를 보내 주는 권위에 의존할 뿐만 아니라, 어떤 지시를 내려줄 모든 사람들에게 의지하게 된다. 더욱이 원조 없이는 아무 일도 할 수 없다고 생각하기 때문에, 자기 혼자 있게 되면 어떻게 해야 좋을지를 모르게 된다. 결단을 내리거나 책임을 질 때처럼 본질적으로 혼자서 행하지 않으면 안 될 경우에 그 무력함은 더욱 두드러지게 된다. 이를테면 개인적인 관계에서는 결정을 내려 줘야 할 상대에게 조언을 구하게 된다.

수용적 지향처럼 착취적 지향 역시, 모든 선의 원천이 외부에 있고, 필요한 것은 거기서 찾지 않으면 안 되며, 스스로는 아무것도 만들 수 없다는 느낌을 기본적으로 가지고 있다. 그러나 이 두 타입 사이에 있는 차이는, 착취형이 타인으로부터 물건을 선물로 받기를 기대하지 않고 힘이나 교활성으로 이것을 빼앗는다는 점에 있다. 이 방식은 모든 분야의 활동에 나타난다. 사랑과 애정의 분야에서는 이러한 사람은 빼앗거나 훔치려는 경향이 있으며, 남에게 딸려 있는 사람과 사랑에 빠지는 경향이 있다. 또 사고적・지적 추구의 경우도 같은 태도가 나타난다. 이러한 사람들은 이념을 만들어 내지 않고 그것을 훔치는 것이다. 그것은 직접 표절의 형태로 이루어지는 수도 있고, 더욱 미묘하게 남의 생각을 다른 말로 되풀이하여 그것이 자기의 새로운 것이라고 주장하는 수도 있다. 흔히 높은 수준의 지능이 있으면서, 즉 자기 자신의 능력에 의존하기만 하면 자기의 이념을 가질 수 있는데도 이런 방법을 쓰는 사람이 많은 것은 참으로 놀라운 일이다. 능력 있는 사람이 독창적인 이념이나 독립된 작품을 갖지 않은 것을 내적 독창성이 결여되었다기보다는 이러한 성격 지향 때문인 경우가 많다. 물건이나 사고방식에 대해서도 같은 말을 할 수 있다. 즉 타인으로부터 빼앗은 것은 언제나 자기가 만들어 낸 것보다 더 좋아 보이는 것이다. 이런 사람은 모든 사람과 물건을 이용하고 착취하며, 무엇을 짜내려고 한다. 그들의 좌우명은 '훔친 과일은 가장 달다'는 것이다. 그들은 사람들을 이용하고 착취하고 싶어한다. 그리고 음으로 양으로 착취의 대상이 될 수 있는 것을 '사랑하며', 쥐어짜 버린 상대에게는 '싫증'을 느끼고 만다. 극단적인 예로는 돈이 있는데도 훔친 것에만 기쁨을 느끼는 병적 도벽자를 들 수 있다.

지금까지 프로이트의 역동적 성격의 개념을 상세히 묘사한 것은, 사회적 성격을 논하는 기초로서 그것이 필요했기 때문이다. 일정한 사회에 존재하는 개인의 성격이 각기 다른 것은 당연하다. 그러므로 작은 차이를 따지면, 같은 성격구조를 가진 사람은 없다 해도 지나친 말이 아니다. 그러나 작은 차이를 무시하면 그 집단의 개인을 대략적으로 대표할 수 있는 일정한 성격 구조형이 있음을 알 수 있다. 그러한 형 중에는 수용적·착취적·저장적·시장적·생산적 성격이 지향이 있다.[2] 일정한 사회 속에 있는 국가나 사회나 계급에 특유한 성격구조가 있음을 나타낼 수 있다면, 이 성격구조의 문제는 개인을 초월한 중요성을 갖게 된다. 개인이 구체적으로는 여러 모로 다르고, 그 그룹 전체에 공통된 넓은 의미에서의 구조형에 전혀 맞지 않는 성격구조를 가진 개인이 있다 하더라도 그러한 중요성이 상실되는 것은 아니다. 그래서 나는 일정한 사회에 특유한 이 성격을 '사회적 성격'이라 이름 붙인 것이다.

개인적 성격처럼 '사회적 성격' 역시 에너지가 특유한 방향으로 향해짐을 의미한다. 그러므로 일정한 사회에서 사는 대부분의 사람들의 에너지가 같은 방향으로 향해지면, 그들의 동기가 같은 것으로 될 뿐만 아니라 같은 이념과 이상을 받아들이게 된다. 그래서 사회적 성격이 사회 기능의 본질적 요소이고, 또 사회의 경제적 구조와 시대 사상 사이를 잇는 벨트임을 다음에 설명해 보려한다.

사회적 성격이란 무엇인가? 이 개념은 개인적 성격이 같은 문화에 속하는 사람들 사이에서도 서로 다른 것과는 반대로, 같은 문화에 속하는 대부분의 사람들이 나누어 가진 성격구조의 핵을 의미한다. 사회적 성격의 개념은, 일정한 문화에 속하는 대부분의 사람들에게서 볼 수 있는 성격 특징을 단지 합계 한다는 의미에서의 통계적 개념이 아

---

2) 이러한 지향성의 상세한 점에 대해서는 E. 프롬, 《인간에 있어서의 자유》; E. Fromm, Man for Himself(Rinehart & Company Inc.)를 참조하기 바란다.

니다. 이것은 다음에 논하는 사회적 성격의 기능과 관련시켜야만 비로소 이해할 수 있다.[3]

각 사회는 일련의 객관적 조건에 필요한 방식으로 구성되어 운영된다. 그 조건이란 사회가 갖는 원료나 공업 기술, 기후, 인구량, 정치적 · 지리적 요소, 문화적 영향에 의거한 생산방법까지도 포함한 것이다. 보편적인 '사회'라는 것은 없고, 각기 다르고 측정할 수 있는 존재방식을 갖는 특유한 사회구조가 있을 뿐이다. 이 사회구조는 역사발전의 과정에서 변화하지만, 일정한 역사적 시점에 있어서는 비교적 고정되어 있다. 그리고 어떤 사회나 특유한 구조 속에서 운영되어야만 비로소 생존할 수 있는 것이다. 그 사회의 성원이나 그 속에 있는 여러 계급이나 지위에 있는 사람들은 사회체계가 기능을 다할 수 있도록 행동하지 않으면 안 된다. 사회구성원의 행동이 사회적 패턴을 따르는지의 여부를 의식적으로 결단해서가 아니라, 하지 않으면 안 되는 행동을 기꺼이 행하고, 또 문화의 요청에 따라 행동하는 일에 만족을 느끼도록 그 사람들의 에너지를 형성하는 것이 사회적 성격의 기능이다. 바꾸어 말하면 일정한 사회 속에서의 인간의 에너지를, 그 사회의 기능을 계속시킬 목적을 위해 만들어 내고 인도하는 것이 사회적 성격의 기능라고 할 수 있다.

이를테면 근대적 공업사회는 자유인의 일에 대한 에너지를 극도로 이용하지 않으면 그 목표에 도달할 수가 없다. 즉 지금까지의 다른 문화에서는 볼 수 없었을 정도로, 기꺼이 그 에너지를 일을 위해 바치고,

---

3) 이 부분의 논의는 나 자신의 논문 〈정신분석학적 성격학과, 문화의 이해를 위한 적응〉; E. Fromm, Psychoanalytic Cheracteology and its Application to the Understanding of Culture(Culture and Personality, Viking Fand)(G. S. 서전트 및 M. 스미드 편 《문화와 인격》에 들어 있는 것이다. 사회적 성격의 개념은 원래 《그리스도의 교의의 진화》 The Evolution of the Dogma of Christ와 《정신분석학적 성격학과 그 사회학에의 의의》에서 발전시킨 것이다.

규율과 유순함과 정확성을 가진 사람을 만들지 않으면 안 되는 것이다. 그러므로 일하고 싶다든지 시간을 지키고 싶다는 따위의 일을, 개인이 매일 의식적으로 정해야 한다면 불충분하다. 왜냐하면 이러한 의식적 자유를 허용하면 예외가 너무 많아져서 사회가 원활히 기능을 발휘할 수 없게 될 것이기 때문이다. 더욱이 공포나 힘은 동기로서는 충분한 것이 못 된다. 왜냐하면 근대 공업 사회에 있어서의 고도로 세분화된 일은 긴 안목으로 보면 자유인만이 할 수 있는 것이고, 강제노동자에게는 맞지 않는 것이기 때문이다. 사회가 필요로 하는 일이나 정확성이나 유순함은 내적 노력으로 전환되지 않으면 안 된다. 즉 사회는 그 고유한 충동에 의거한 사회적 성격을 만들어 내지 않으면 안 된다는 말이 된다.

시간엄수라든지 유순함처럼 모든 공업체계의 기능에 필요한 특징도 있지만, 또 현대 자본주의와 19세기 자본주의에서의 요구가 다르듯이 서로 다른 것도 있다. 19세기의 자본주의는 아직 주로 자본의 축적에 광분하였기 때문에 절약할 필요가 있었고, 가족이나 종교, 공업, 국가, 교회 등에 의한 권위주의적 원리에 의해서 규칙과 안정성을 강화하지 않으면 안 되었다. 19세기 중산계급의 사회적 성격은 여러 가지의 의미에서 바로 '저장적 지향'이라 부를 수 있는 것이었다. 소비를 억제하고 절약하며 권위를 존경하는 일은, 보통의 중산계급에 있어 덕이었을 뿐만 아니라 만족을 가져오는 것이었다. 즉 그 성격구조가 당시의 경제체계의 목적에 따라, 그 사람에게 하지 않으면 안 될 일을 좋아하도록 했던 것이다. 현대의 사회적 성격은 전혀 다르다. 오늘날의 경제는 소비의 제한을 기초로 하는 것이 아니라, 그것을 충분히 발전시키려 한다. 만일 노동계급이나 중산계급이 그 수입의 대부분을 소비하지 않고 검약하면, 우리의 경제는 중대한 위기에 직면하게 된다. 소비는 대부분의 사람들의 생활의 정열적인 목표가 되었을 뿐만 아니라, 덕이 되어 있기도 하다. 월부로 물건을 사는 근대적 소비자는, 그들의 조부의 눈에는 무책임하고 부도덕한 낭비자로 보일지도 모른다. 이것은 마치 조부가 그 손자의 눈에는 보기 흉한 수전노로 보이는 것과 같은 일이다. 19세기적 사회 성격은, 오늘날에는 이미(서구와 북미에서는) 뒤떨어진 사회층 속에서만이 찾아볼 수 있다. 이러한 사회적 성격은 '갖는 것'을 주요 목표로 삼는 것이라고 규정할 수 있으며, 20세기의 사회성격은 '사용하는 것'을 목표로 하는 것이라고 말할 수 있다.

이와 같은 차이가 권위의 형에도 존재한다. 20세기에 들어서자, 적어도 서구의 선진 자본주의 국가에서는 모든 사람을 만족시킬 만한 물자가 있기 때문에, 권위적 지배의 필요성이 감소되고 있다. 이와 동시에 점차 관료적인 엘리트들의 손으로 지배가 옮아가 복종을 강요하기보다는 동의를 구하여 관리를 하게 되어 있다. 그러나 이 동의는 대부분 근대적 심리학의 방법과, '휴먼 릴레이션스'라 불리는 '과학'에 의해 조종되는 것이다.

그러므로 사회와 문화의 객관적 조건이 안정돼 있는 한, 사회적 성격은 주로 안정 기능을 다하게 된다. 하지만 외적 조건이 변화하여, 그것이 이미 전통적인 사회적 성격에 맞지 않게 되면 다시 착오가 나타나 성격의 기능은 사회를 안정시키는 대신에 해체시키는 요소가 되며, 사회를 견고하게 하는 모르타르의 역할을 하는 대신 다이너마이트가 되는 것이다.

사람의 성격을 틀에 맞추는 사회의 사회 경제구조에 대해 설명했는데, 그것도 사회조직과 인간의 상호 관련 중, 한쪽의 극에 대해 얘기했을 뿐이다. 여기서 생각하지 않으면 안 될 또 하나의 극이란, 자신이 생존하고 있는 사회적 조건을 형성하는 인간의 본질에 대한 것이다. 사회과정을 이해하기 위해서는 인간의 현실, 즉 그 생리적 특성과 동시에 심적 특성에 대한 지식에서 출발하지 않으면 안 되며, 인간이 목숨을 유지하기 위해서 지배하지 않으면 안 될 외적 조건과, 인간의 본질 사이에 있는 상호 교섭을 음미하지 않으면 안 된다.

인간이 거의 모든 조건에 적응할 수 있다는 것은 정당하지만, 그러나 인간의 문화가 백지 위에 문자를 쓰는 것은 아니다. 행복이나 소속감, 사랑, 자유 등을 구하는 요구는 인간의 본성에 고유한 것이며, 역사과정에 존재하는 역동적 요소이다. 사회질서가 일정한 기준을 넘어 인간의 욕구를 무시하고 불만에 빠뜨리면, 그 사회의 성원은 인간의 요구에 더 적합하도록 사회질서를 바꾸려 한다. 이것이 불가능할 경우에는 그 사회가 붕괴하게 된다. 왜냐하면 그 사회가 생명력이 없고 파괴적인 것이기 때문이다. 인간성의 요구를 더욱 만족시키기 위한 사회적 변화는, 그러한 변화를 촉진하는 물질적 조건이 갖추어졌을 때 용이하게 일어날 수 있다. 이렇게 생각하면, 사회적 변화와 경제적 변화 사이의 관련은, 마르크스가 강조한 것처럼 새로운 계급의 상이한 사회적·정치적 조건에 대한 이해에 의해서만 생기는 것이 아니다. 사회의 변화 자체가, 인간의 자기 실현을 위한 보다 나은 환경을 만들려는 인간의 기본적 욕구에 의해서도 규정되는 것이다. 예를 들면 프랑스 혁명을 획득한 중산계급은, 낡은 사회질서의 속박으로부터 자기들의 경제적 행위를 자유로이 하려고 했던 것이다. 그리고 그들은 또한 인간 존재에 고유한 인간적 자유에 대한 진정한 욕구에 의해서도 움직여지고 있었다. 혁명이 성공한 후에 대부분의 사람들은 좁은 의미의 자유 개념에 만족했지만, 부르주아 최고의 인사들은 부르주아적 자유의 한계를 자각하고, 인간의 요구에 대한 보다 나은 해답을 추구하여, 자유가 전 인간을 해방하는 조건이라는 개념에 도달했던 것이다.

사회적 성격의 기원과 기능에 대한 이러한 개념이 정확하다면, 우리는 까닭을 알 수 없는 문제에 직면하게 된다. 성격구조가, 그 문화 속에서 개인이 다해야 할 역할에 의해 형성된다고 가정하면, 그것은 사람의 성격이 어렸을 때에 형성된다는 가정과 모순되지 않을까? 어렸을 때는 비교적 사회와의 접촉이 없는데도 이 두 견해가 모두 옳다고 할 수 있을까? 이 의문은 얼핏 그렇게 생각되는 만큼 해답을 내리기 어려운 것은 아니다. 여기서 우리는 사회적 성격이 갖는 개개의 내용과, 사회적 성격이 만들어지는 방법을 구별하지 않으면 안 된다. 사회의 구조와 그 속에 있는 개인의 기능이, 사회적 성격의 내용을 규정한다고 생각해도 좋을 것이다. 한편 가족은 사회의 심적 대리자이며, 성장해 가는 어린아이에게 사회의 요청을 전달하는 기능을 가진 제도라고 생각할 수 있다. 그리고 가족은 이 기능을 두 가지 방법으로 충족시키는데, 그 하나는 부모의 성격이 성장해 가는 어린아이의 성격 형성에 영향을 미치는 일이다. 그런데 대부분 부모들의 성격은 사회적 성격의 표현이라고 생각할 수 있으므로, 그 때문에 사회에 바람직한 본질적 성격구조가 어린아이에게 전달되는 셈이다. 둘째로 부모의 성격 외에도, 그 문화에 습관화 된 것으로 어린아이에게 가르치는 예의범절이 있어, 사회에 바람직한 방향으로 어린아이의 성격을 형성하는 기능을 다하고 있다. 예의범절을 가르치는 데는 같은 목적을 다할 수 있는 여러 가지의 방식과 기술이 있으며, 또 같아 보이는 방법도 이것을 행하는 사람의 성격구조가 다르기 때문에 달라지는 수도 있다. 그러므로 어린아이에게 예의범절을 가르치는 방법으로 사회적 성격을 이해한다는 것은 절대로 불가능하다. 어린아이에게 예의범절을 가르치는 방법은 전달의 기구[4]로서만 중요한 것이며, 일정한 문화에서 바라고 필요로 하는 인격이 어떤 것인지를 먼저 알아야만 비로소 그것을 올바로 이해할 수 있는 것이다.

---

4) 《자유에서의 도피》 Escape from Freedom에서 나는 이 기구를 신교주의와 자본주의의 초기와의 관련을 통해 상세히 논하려 했다. 또 《정기의 사회》에서는 이 문제를 19세기 및 20세기와 관련시켜 다루었다.

우리는 지금까지 사회적 성격이, 일정한 방법으로 인간의 에너지를 틀에 맞추어 가는 구조이며, 그 때문에 그 사회의 목적에 있어 중요한 것임을 보아 왔다. 그래서 여기서는 그것이 일정한 이념이나 이상의 힘과 매력을 끌어내는 바탕이라는 것도 덧붙이지 않으면 안 되리라고 생각한다. 앞에서도 말한 것처럼, 개인적 성격구조의 경우는, 성격과 이념 사이에 있는 이 관계를 이해하기는 쉬운 일이다. 저장적(프로이트에 의하면 항문적) 성격 지향을 갖는 사람은 검약의 이상에는 매력을 느끼지만 '앞뒤 생각 없이 하는 낭비'로 생각되는 이념에는 반발을 느낄 것이다. 한편 생산적 성격을 가진 사람은 절약을 중심으로 한 철학을 '더럽다'고 생각할 것이며, 창조적인 노력을 강조하고 생활을 풍부히 하기 위해 물건을 사용한다는 생각을 받아들일 것이다. 사회적 성격에도, 성격과 이념의 관계에 대해 같은 말을 할 수 있다. 이 관계를 명백히 하기 위해서는 두세 가지의 예를 들지 않으면 안 된다.

봉건시대의 말기에 사유재산은 경제 사회 체계의 중심 요소가 되었다. 물론 그 이전에도 사유재산은 있었다. 그러나 봉건시대에는 사유재산이 주로 토지에 의해 구성돼 있었으며, 계층적 체계 속에 있는 토지 소유자의 사회적 지위와 결부되어 있었던 것이다. 그것은 소유자의 사회적 역할의 일부였으므로 시장에서 팔 수는 없는 것이었다. 근대 자본주의는 봉건체제를 파괴했다. 즉 재산은 토지로서의 재산뿐만 아니라, 생산의 수단 역시 재산이 되었다. 모든 재산은 양도할 수 있게 되고, 시장에서 사고 팔수 있었기 때문에, 그 가치는 추상적인 형태, 즉 화폐에 의해 표현되게 된 것이다. 토지, 기계, 금, 다이아몬드 등 모든 것이, 그 가치를 표현하는 추상적인 화폐라는 형태로 공통성을 갖게 되었다. 그리고 누구나 구 사회 조직 속에서의 위치와는 관계없이 사유재산을 얻을 수 있는 것이다. 재산은 근면성 · 창조성, 행운, 무자비함이나 유산으로 얻어지는 것 등 여러 가지 방법으로 마련되며,

사유재산의 소유권은 그것을 얻게 된 수단과는 관계가 없는 것이다. 안전, 힘, 강력감 등은 봉건체계처럼 비교적 변하지 않는 그 사람의 지위에 의해 결정되는 것이 아니라, 사유재산의 소유에 의해 결정되게 되었다. 근대인이 사유재산을 잃으면, 사회적인 의미에서 그 사람은 존재하지 않게 된다. 그에 반해, 봉건적 영주는 봉건체계가 무사한 동안은 재산을 잃는 일이 없었던 것이다. 그 결과, 이상이 각기 달라졌다. 봉건 영주나 길드에 속하는 직인에 있어서조차 전통적 기준의 안정이나 상사와의 조화적 관계, 봉건체계의 안정성을 최종적으로 보증하던 신의 개념 등이 주된 관심의 표적이었다. 그 이념들 중의 어느 하나라도 공격을 받으면, 봉건사회의 성원은 자기가 깊이 확신하던 것을 지키기 위해 그의 생명까지도 내걸고 싸웠던 것이다.

근대인에게 있어서는 이념이 전혀 달라지고 있다. 즉 그 운명이나 안전이나 힘은 사유재산에 있다. 그러므로 부르주아 사회에서는 사유재산이 신성한 것이며, 사유재산 불가침의 이상은 그 이데올로기 조직의 기초가 되어 있는 것이다. 자본주의 사회에서 사는 대부분의 사람들은 여기에서 사용한 의미(생상수단으로서의 재산)에서의 사유재산을 갖고 있지 않으며, 단지 차나 텔레비전 등, 즉 소비물자로서의 '사적' 재산을 가지고 있을 뿐이다. 그럼에도 불구하고 봉건체계에 대한 부르주아 혁명은 사유재산 불가침의 원리를 만들어 내고, 그 때문에 경제적 엘리트에 속하지 않는 사람조차도 이 점에 대해 같은 느낌을 갖게 된 것이다. 봉건사회의 성원이 봉건체제에 대한 공격을 부도덕하고 비인간적이라고 생각한 것처럼 자본주의 사회에서의 일반인은 사유재산에 대한 공격을 야만성과 비안간성의 표지라고 생각했다. 드러내 놓고 이런 말을 하는 경우는 드물지만, 사유재산의 침해자에 대한 증오는 무신론자니 불법자니 하는 말로 합리화된 있는 것이다. 그리고 현실적으로는—흔히 무의식이긴 하지만—이러한 침해자는 사유재산의 신성을 침범했기 때문에 비인간적으로 보이는 것이다. 즉 경제적으로 손해를 입었거나 현실적으로 경제적 이윤에 위협을 받았다는 점에 문제가 있는 것이 아니라, 가장 중요한 이상을 위협했다는 점이 문제인 것이다. 이를테면 자본주의 국가들의 대부분이 공산주의 국가들에 대해 가지고 있는 혐오감이나 증오는 주로 공산주의 국가들이 사유재산에 대한 노골적인 침해자로 느껴지기 때문인 듯하다.

사회 경제구조에 의거한 이념에 예는 이 밖에도 너무나 많기 때문에 가장 대표적인 것을 고르려 해도 곤란한 점이 많다. 이를테면 봉건계급에 의해 가해진 제한에 대항하여 싸우던 중산계급에게 있어서는 자유가 최고의 이념이 되었으며, '개인의 자주성'은 경쟁이 심한 19세기 자본주의의 이상이 되었다. 팀워크와 휴먼 릴레이션스는 20세기 자본주의의 이상이며, '공정성'은 자본주의 사회의 가장 일반적인 기준이 되어 있다. 왜냐하면 공정성은 힘이나 부정행위에 의하지 않고 상품이나 노동이 교환되는 자유 시장의 기본적 법칙이기 때문이다. 그와 동시에 공정성의 이념은 '너의 이웃을 사랑하라'는 낡은 기준과 동일시되는데, 이것은 '자기가 바라지 않는 것을 남에게 베풀지 말라'는 황금률의 형태로 이 기준을 통속화시켰기 때문인 것이다.

이념이 경제적·사회적 생활의 기준에 의해 규정된다는 학설은, 결코 이념 자체가 가치를 갖지 않고 단지 경제적 요구의 '반영'에 지나지 않는다는 것을 의미하는 것이 아님을 다시 강조해 두고자 한다. 이를테면 자유의 이상은 깊이 인간의 본성에 뿌리박고 있는 것이며, 그것이 이집트에서의 히브리인이나, 로마의 노예, 16세기의 독일 농부, 그리고 동독의 독재자에 대해 싸우는 독일 노동자들의 이상이기도 했던 것은 바로 이런 이유 때문인 것이다. 한편 권위나 질서의 이념 역시 인간 존재에 깊이 뿌리박혀 있다. 왜냐하면 사회적 질서의 요구는 바로 이것을 초월한 이념에 대해서조차 호소할 힘을 가지며, 인간의 마음에 강하게 영향을 주고 호소하는 힘이 있기 때문이다. 그러나 일정한 이념이 어째서 우월하고 일반화하는가 하는 문제는 역사적 조건, 즉 일정한 문화에서 만들어진 사회적 성격이라는 관점에서 이해되어야 한다.

여기서 또 한 가지 설명을 덧붙여 두지 않으면 안 될 것이 있다. 그것은 '경제적 기초'가 일정한 사회적 성격을 만들어 내고, 이것이 또 이념을 만들어 내는 데 그치지는 않는다는 점이다. 만들어진 이념은 다시 사회적 성격에 영향을 미치고, 간접적으로는 사회적·경제적 구조에도 영향을 미친다. 여기서 강조하고자 하는 것은 사회적 성격이 사회적·경제적 구조와, 사회에 보급돼 있는 이념이나 이상 사이에 있는 중간체라는 점이다. 더욱이 그것은 경제적 기초에서 이념으로, 또 이념에서 경제적 기초로 향하는 방향 사이에 있는 중간체인 것이다.

다음 도식은 개념을 나타내고 있다.

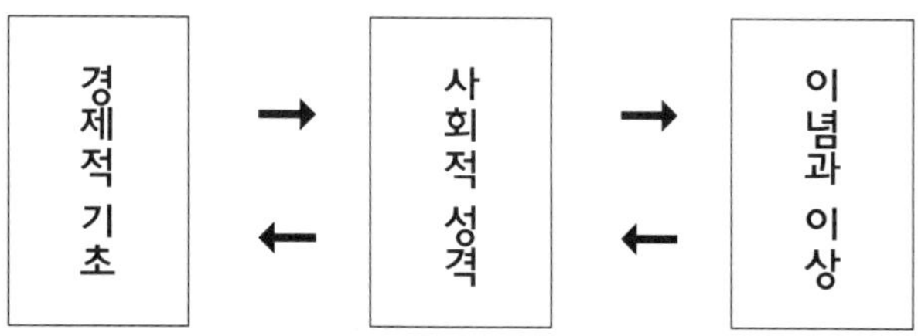

9. 사회적 무의식

사회를 정상적으로 활동시키려는 견지에서, 사람들이 행위하고 생각함으로써 사회적 성격이 형성된다. 하지만 그것은 사회 구조와 이념 사이에 존재하는 연관 중의 하나에 지나지 않는다. 그밖에도 어떤 사상이나 감정이 의식 수준에 오르는 것을 허용받고, 혹은 반대로 무의식 상태에 남아 있을 수 있는가를 사회가 규정한다는 사실이다. 즉 사회적 성격이 있는 곳에는 항상 '사회적 무의식'이 존재하는 것이다.

내가 말하는 '사회적 무의식'이란 사회 구성원의 대부분이 똑같이 억압하고 있는 분야를 가리킨다. 이 공통된 억압 요소란, 특수한 모순을 내부에 지닌 사회가 성공적으로 운영되기 위해서는 의식되어서는 안 될 내용을 말한다.

프로이트가 연구한 '개인적 무의식'은 그 개인의 사적 생활조건에 특유한 환경 때문에 개인적으로 억압되는 내용을 말한다. 프로이트는 모든 문명에 특유한 것으로서 근친상간적 욕구의 억압에 대해 말하는데, 그런 한도 내에서 그는 얼마쯤 '사회적 무의식'을 다룬 셈이 된다. 그러나 그의 임상적 업적에서는 주로 개인적 무의식이 다루어질 뿐이며, 일반적으로 분석의는 사회적 무의식에 별로 주의를 기울이지 않는 경향이 있다.

사회적 무의식을 논하기 전에, 프로이트가 발전시킨 무의식의 개념과 그에 관련된 마르크스의 체계에서의 개념에 대해 간단히 언급해 둘 필요가 있을 것이다.

사실 무의식은 프로이트의 가장 기본적인 발견이었다, 정신분석학은 우리가 가장 중요한 체험의 자각을 억압한다는 가정 위에 성립하는 체계이다. 즉 우리 속에 존재하는 무의식적 현실과, 의식이 현실을 부정하려고 하는 데서 생겨나는 갈등이 흔히 신경증을 유발시킨다. 또 무의식을 의식화함으로써 신경증 증상이나 성격 경향을 소멸시킬 수 있는 것이다. 프로이트는 이 무의식을 드러내는 일이 신경증 치료를 위한 가장 중요한 무기라고 믿었다. 더욱이 그의 직각력은 이 치료적 흥미를 훨씬 넘어선 데로 나아갔다. 성인이 자기 자신에 대해 생각하고 있는 일이 얼마나 비현실적이며, 또 자기 자신과 타자를 얼마나 계속 기만하고 있는가를 보고, 그는 의식적 사고의 배후에 있는 현실에 도달하려고 하는 열정적인 흥미에 쫓겼다. 프로이트는 우리 속에 존재하는 현실의 대부분이 의식이 아니며, 의식하는 것의 대부분이 현실이 아님을 인식한 것이다. 이 내적 현실에 대한 헌신적 연구에 의해 새로운 진리의 분야가 열리게 되었다.

무의식적 현상을 몰랐던 사람들은, 자기가 알고 있는 것을 말하면 진실을 말한 것이 된다고 믿었던 셈이다. 프로이트는 우리 모두가 정도의 차이는 있을망정 자기 자신을 속이고 있음을 보여 주었다. 우리는 자신이 자각하고 있는 일에는 진지했다 하더라도, 의식 자체가 '잘못되어' 있을 때가 있기 때문에 거짓말을 하고 있는 것이며, 우리 자신의 진실한 체험에 의거한 것을 표현하지는 않은 것이다.

프로이트는 개인적 척도에 의거해서 관찰하는 일부터 시작했다. 두세 가지 예를 들면, 춘화를 보는 일에 남몰래 기쁨을 느끼는 사람도, 자기 자신이 그런 흥미가 있다는 사실을 인정하지 않는 법이며, 의식적으로는 그런 춘화가 위험하고, 남의 눈에 띄지 않도록 주의하는 것이 자신의 의무라고 확신하게 된다. 이와 같이 그는 계속 춘화에 관심을 갖고, 반대 운동의 일부로서 춘화를 보고는 자신의 욕망을 만족시킨다. 더욱이 그는 매우 훌륭한 양심을 계속 지니며, 그의 진정한 욕망은 무의식에 머문다. 그리고 의식화되는 것은, 그가 알고자 하지 않는 것을 완전히 감추기 위한 합리화에 지나지 않는 것이다, 이와 같이 그 사람은 그의 욕망을, 자신의 도덕적 판단과의 갈등을 일으키지 않고서 충족시킬 수 있게 된다.

또 하나의 예로서, 자식을 벌하고 부당하게 다루는 경향이 있는 가학적 충동을 가진 아버지를 생각해 보자. 이 아버지는 아이들에게 덕을 가르치고, 그들을 악으로부터 지키는 유일한 길은 때리는 일이라고 확신하는 셈이다. 그리고 가학적 만족에 대해서는 아무것도 자각하지 않고, 다만 자식을 기르기 위한 의무와 올바른 방법에 대한 자신의 생각이라는 합리화를 자각할 뿐이다.

또 하나의 예를 들어 보자. 어떤 정치적 지도자가 전쟁을 일으킬 듯한 정책을 실행하려 한다. 이 사람은 자기의 영광과 명성에 대한 욕망에 의해 움직여졌더라도, 스스로는 애국주의와 그 나라에 대한 책임감에 의해서만 결정된 행동을 취했다고 확신할 것이다.

이상의 예에서는 모두 배후에 있는 무의식적 욕망이 완전히 도덕적 고려에 의해 합리화되고, 그 욕망이 감춰질 뿐만 아니라, 그 사람이 발명한 합리화 자체에서 의해 조장되고 있는 것이다. 보통의 생활에서 이 사람은 결코 그의 현실의 욕망과 합리화의 허구 사이에 존재하는 모순을 알아채지 못할 것이며, 그 때문에 이 욕망에 따라 계속 행위를 하게 된다. 만일 누가 그에게 사실을 말했다면, 즉 그의 위선적 합리화의 배후에 자신이 강하게 부인하는 욕망 그 자체가 있다고 말했다 하더라도, 그 사람은 정말로 화를 내며, 오해받아 부당하게 공격당했다고

만 느낄 것이다. 이 억압된 존재를 정열적으로 부인하려는 것을 프로이트는 '저항'이라 불렀다. 그 저항의 강도는 대체로 억압된 경향의 강도에 의하는 것이다.

모든 종류의 체험이 억압될 수 있는 것은 당연하지만, 프로이트의 이론에 의하면 가장 강하게 억압되는 충동은 성적인 것이다. 이것은 문명인의 기준과 모순되며, 특히 근친상간적 충동이 그렇다는 것이다. 또 프로이트에 의하면 적의나 공격적 충동도, 사회적 습관이나 초자아와 갈등을 일으키는 한도 내에서 억압될 수 있는 것이다.

억압된 충동의 내용이 어떤 것이든, 프로이트의 관점에 따르면 그것은 항상 인간의 '암흑'의 측면, 즉 인간이 승화할 수 없었던 반사회적·원시적 소질이나, 문명화되고 예의바르다고 믿는 것에 반하는 것을 대표하는 것이다. 여기서 다시금 강조해 둬야 할 것은, 프로이트의 무의식 개념에서 억압이란 충동의 자각이 억압되는 것이지 충동 자체가 억압되는 것을 의미하는 게 아니라는 점이다. 이를테면 가학적 충동이라고 할 경우, 이것은 자신이 남에게 고통을 주고 싶어하고 있음을 자각하고 있지 않다는 것을 의미하는 것이며, 결코 남에게 고통을 주지 않는다는 뜻이 되지는 않는다. 즉 그것을 의무로 합리화함으로써 자신의 행위에 의해 남이 고통받는 것을 자각하지 않고 남에게 아픔을 줄 수 있는 셈이다. 하지만 또 이것을 무의식화할 수 없거나, 또 합리화를 발견할 수 없었기 때문에, 이 충동이 그대로 행위로 되지 않을 가능성도 있을 수 있다. 이 경우에도 충동은 존속하는 것이며, 의식화에 대한 억압은 그 행위에 관한 한, 의식적 억압이 된다. 어떤 경우든 억압은 인간의 의식의 왜곡을 의미하는 것이며, 금지된 충동을 제거하는 것을 의미하지는 않는다. 그것은 무의식적인 힘이 지하에 잠입하여, 인간의 행위를 배후에서 결정하는 것을 의미한다.

그렇다면 프로이트가 말하는 억압의 원인은 무엇일까? 이미 충동은,

그것이 기존 사회나 가족의 관습과 모순되기 때문에 의식화되는 일이 방해받는다는 점에 대해 기술했다. 이 설명은 억압의 내용에 관한 것이지만 억압을 가능케 하는 심리적 기구는 무엇일까? 프로이트에 의하면, 이 기구는 공포이다.

프로이트의 학설에서 가장 대표적인 예를 들면, 소년의 어머니에 대한 근친상간적인 욕망의 억압이 있다. 프로이트는 어린 소년이 그의 경쟁자인 아버지를 두려워하고, 특히 아버지에 의해 거세당하는 것을 두려워한다고 생각했다. 이 두려움이, 소년에게 그 욕망을 자각한 일을 억압시키고, 이 욕망을 다른 방향으로 돌리도록 돕는 것이다. 그러나 이 최초의 공포의 상흔은 결코 완전히 사라지는 일이 없다. 프로이트에 의하면, '거세공포'가 억압 중에서 가장 기본적인 공포이며, 사랑받지 못한다든지, 죽임을 당한다든지, 관심을 기울여 주지 않는다는 따위의 다른 공포 역시, 인간의 가장 깊은 욕망을 억압할 수 있다는 의미에서 원래 거세 공포와 같은 힘을 가지고 있다는 것이다.

개인적 정신분석에 있어 프로이트는 억압의 개인적 요소를 추구했는데, 그럼에도 불구하고 그의 억압 개념을 개인적인 의미로 이해하려는 것은 잘못된 것이다. 그와는 반대로, 프로이트의 억압 개념은 사회적 규모를 가진 것이다. 사회가 고도의 문명 형태로 발전함에 따라, 보다 많은 본능적 욕망이 기존의 사회적 기준과 모순을 일으키게 되고, 그 때문에 보다 많은 억압이 생겨난다. 프로이트에게 있어 문명의 진보는 억압의 증대를 의미했다. 하지만 그는 사회의 이러한 정량적・기계론적 개념에 머물고, 사회의 특수한 구조와 그것이 억압에 미치는 영향에 대해 살펴보려고는 하지 않았다.

억압을 낳는 힘이 그토록 강한 것이라면 어째서 프로이트는 무의식을 의식화하고, 억압되어 있던 것을 '해방'할 수가 있다고 생각한 것일까? 그가 생각해 낸 정신분석 치료가 이것을 목적으로 한 것임은 주지의 사실이다. 환자의 꿈을 분석하여 검열을 거치지 않은 자발적 사고인 '자유연상'을 이해함으로써, 프로이트는 환자가 이전에는 몰랐던 것, 즉 무의식을 환자와 함께 알아보려고 시도한 것이다. 그러면 무의식을 발견하기 위한 꿈과 자유연상을 가능케 하는 이론적 전제는 무엇이었던가?

의심할 것도 없이, 프로이트는 정신분석 연구의 최초 수년 동안, 지식이란 개념적・학설적 지식이라는 종래의 합리적 신념을 따랐다. 그는 환자에게 어째서 이런 현상이 생겨났는지를 설명하고, 또 분석의가 환자의 무의식에서 발견한 것을 환자에게 말하면 그것으로 충분하다고 생각하였다. 이 개념적 지식은 '해석'이라 불리고, 환자를 변화시키는데 효과가 있다고 생각되었던 것이다. 하지만 곧 프로이트와 그 밖의 분석의들은, 스피노자 주장의 진실성, 즉 개념적 지식은 동시에 감정적 지식이 아니어서는 변화를 가져올 수 없다는 것을 발견하지 않으면 안 되었다.

무의식적 욕망에 대한 개념적 지식은 이 욕망을 통제하기 쉽게 한다는 의미가 있지만, 아무런 변화도 가져오지 않는다는 것이 명백해졌다. 더욱이 개념적 지식에 의한 통제는 정신분석이 목표로 삼은 것이라기보다는 전통적 윤리가 목표로 삼은 것이었다. 초연한 자기 관찰자의 태도에 머무는 한, 무의식에 대해 생각할 수는 있어도 그에 접할 수가 없고, 그 자신 속에 있는 보다 넓고 깊은 현실을 체험할 수도 없다. 사람의 무의식을 발견하는 일은, 정확히는 개념적 행위에 머무르지 않는 감정적 체험인 것이며, 언어화할 수 있다 하더라도 매우 어려운 일이다. 그러나 이 말은 발견 행위에 앞서 생각이나 사색을 낳지 않는다는 의미가 아니다. 그러나 발견한다는 행위는 사고한다는 행위가 아니라 자각하는 일이며, 아마 더욱 정확한 표현을 사용한다면 단지 본다는 행위인 것이다. 무의식적인 체험이나 사고, 감정을 자각한다는 일은,

그에 대해 생각한다는 의미가 아니라 그것을 본다는 것이다. 그것은 마치 호흡을 자각하는 일이 호흡에 대해 생각하는 것을 의미하지 않는 것과 같은 일이다. 무의식의 자각은 자발적으로 갑자기 일어나는 일로 특징지어지는 체험이다. 그 사람의 눈이 갑자기 열리고, 자기와 세계가 다른 빛으로 비치며, 다른 관점에서 보이게 된다. 이 체험이 일어나면 커다란 불안이 생기지만 그에 이어 새로운 힘이 느껴진다. 무의식의 발견 과정은 항상 확대하는 일련의 체험으로 기술할 수 있는데, 그것은 깊이 느껴지는 것이며, 이론적 · 개념적 지식을 초월하는 것이다.

무의식을 의식화하는 가능성에 대한 문제 중에서 가장 중요한 것은, 이 과정을 방해하는 요소를 인식하는 일이다, 무의식의 통찰을 어렵게 만드는 요소는 매우 많다. 이 요소 중에서 몇 개에 대해 언급하면, 정신적 강직성, 타당한 지향의 결여, 희망 상실, 현실 조건을 변경할 가능성의 결여 등이 이에 해당한다.

그러나 이들 요소 중에서 무의식을 의식화하는 일을 가장 어렵게 만든 것은 프로이트가 '저항'이라 부른 기구이다. '저항'이란 무엇인가? 다른 많은 발견과 마찬가지로 얼핏 보기에 그것은 누구나 발견할 수 있을 간단한 것처럼 보인다. 그러나 사실은 위대한 발견자가 그것을 인식할 필요가 있었던 것이다. 예를 들어 보자. 당신의 친구가 몹시 두려워하는 여행을 하지 않을 수 없다고 하자. 당신도 그가 두려워하고 있음을 알고 있고, 그의 아내나 그 밖의 모든 사람이 그것을 알고 있다. 그러나 그 자신은 모르는 것이다. 어느 날 그는 건강 상태가 좋지 않음을 느낀다. 그러면 다음 날에는 여행을 하지 않아도 된다. 그 이튿날이 되면 여행하지 않아도 같은 결과를 얻는 더 좋은 방법이 발견된다. 또 다음 날에는 당신이 그에게 여행을 생각나게 하여 출발시키려 한다고 하자. 그러나 그는 강요당하는 것을 좋아하지 않는다. 그래서 여행은 하지 않기로 결정한다. 이러한 일은 여행하기에는 이미 너무 늦다고 그가 말할 때까지 계속된다. 어쨌든 그 결과, 여행에 대해 이 이상 생각하는 일은 무의미한 것이다. 그러나 만일 당신이 아주 빈틈없는 방법으로, 가고 싶지 않은 건 두렵기 때문이라고 그에게 말했다면, 단지 그 말을 부정할 뿐만 아니라, 광포한 항의와 비난을 받을 것이다. 그 결과 당신은 사과하지 않으면 안 될 입장에 몰리게 된다. 그리고 만일 당신이 우정을 잃지 않으려고 하면, 그 친구가 여행을 두려워한다는 따위의 생각을 해 본 적도 없다고 공언하고, 힘껏 그의 용기를 칭찬한다는 결과로 끝날 것이다.

그러면 무슨 일이 일어났는가? 가고 싶지 않았던 진정한 동기는 두려움이다(그 친구가 무엇을 두려워하였는가 하는 것은, 이 논의의 목적에 있어서는 중요하지 않다. 다만 그의 두려움은 객관적인 근거를 갖는 경우도 있고, 또 이 두려움의 원인이 상상의 범위를 벗어나지 않는 수도 있다는 것을 말해 두면 충분하다). 이 두려움은 무의식적인 것이다. 그래서 당신의 친구는 가고 싶지 않은 일에 '합리적인' 설명, 즉 '합리화'를 하지 않으면 안 되었던 것이다. 그는 매일 새로운 합리화를 발견하거나(누구나 금연을 하려 한 사람은 합리화가 얼마나 간단한지를 알고 있다), 하나의 합리화에 매달리지 않으면 안 되었던 것이다. 그 합리화에 의미가 있느냐 없느냐 하는 것은 문제가 아니다. 중요한 것은, 그 합리화가 여행을 거부하는 데 충분히 효과적인 것이 못 되었다는 점이다. 그러나 더욱 놀라운 일은, 진정한 동기를 가르쳐 주었을 때 그가 보인 굉장한 반응, 즉 저항의 강도이다. 그가 망설인 진정한 원인에 직면시키려고 그것을 얘기해 주었으므로, 그 친구는 기뻐하거나 감사해야 하지 않았을까? 그러나 설사 우리가 어떻게 느껴야 한다고 생각하더라도, 사실 그는 그렇게 느끼지 않는 것이다. 분명히 그 친구는 두려워하고 있다는 생각을 감당할 수 없는 것이다. 그럼 왜 그런가? 여기에 몇 가지의 가능성이 나타난다. 아마 그는 두려움을 느끼지 않는다는 것을 중심으로 하여 자기 자신에 대한 자기애적인 상을 마음속에 그리고 있기 때문에, 이 상이 파괴되면 자기애적인 자기 존경이나 자기의 가치, 안전감 등이 위협받는 것이리라. 혹은 그의 초자아, 즉 선악에 대한 내적 기준이 두려움이나 비겁함을 극도로 비난하는 것이었는지도 모르며, 그 때문에 두려움을 인정하는 일은 이 기준에 반대되는 행위를 인정한다는 의미가 되었는지도 모른다. 혹은 그가 우정에 별로 자신이 없기 때문에 결코 두려워하지 않는 인간의 상을 친구에게 보여 줌으로써 그 사람의 마음을 끌어 둘 필요를 느꼈는지도 모른다. 즉 그는 자신이 두려워하고 있는 줄 알면 아무도 자신을 좋아하지 않을 걸로 생각했는지도 모르는 것이다. 이상의 이유들은 모두 타당할 수 있으리라고 생각된다. 하지만 그것이 왜 그처럼 강한 효과를 갖는 것일까?

하나의 해답은, 그의 자기 동일성의 감각이 이상과 같은 이미지와 관련이 있는지도 모른다는 사실이다. 만약 이러한 자기상이 '진실'이 아니라면, 그는 자기가 무엇인지 알 수 없게 되고, 또 무엇이 사실인지, 세계 속에서 자신이 어떤 위치를 점하고 있는지도 모르게 된다. 그렇게 되면 지금까지 익숙해졌던 사고방식이 상실되고, 자신의 안전성도 손상을 입게 된다. 즉 불안은—프로이트가 본 것처럼—단지 어떤 특수한 공포, 즉 성기나 생명 등에 대한 위협 때문에 일어날 뿐만 아니라, 자기의 동일성에 대한 위기에 의해서도 생겨나는 것이다. 저항은 작은 지진에 의한 공포에도 비유될 수 있다. 아무것도 안전한 것이 없고, 모든 것이 흔들린 다는 공포로부터 자기 자신을 지키려는 시도인 것이다. 이러한 공포 속에서는 자기 자신이 누구이며, 어디에 있는지도 모르게 된다. 이 체험은 순간적으로는 몇 초밖에 계속되지 않지만 거의 미칠 듯이 느껴지며, 불만이라 할 정도의 것이 아니다.

억압을 낳는 저항과 공포에 대해서는 뒤에 논할 작정이지만, 여기서는 우선 무의식이 갖는 그 밖의 몇 가지 측면에 대해 설명하지 않으면 안 된다. 정신분석적 술어는 이제 완전히 통속적이 되어, 사람들은 '무의식'을 집 안의 지하실처럼 인간의 내부에 일정한 장소를 갖는 것으로 생각한다. 이 생각은 프로이트가 행한, 유명한 인격의 세 개 부분으로의 분할에 의해 더욱 강화되었다. 즉 이드, 자아 및 초자아가 그것이다. 이드는 모든 본능적 욕망을 의미하며, 동시에 그 대부분이 자각되지 않으므로 '무의식'과 동일시할 수 있다. 자아는 현실을 관찰하고 현실을 평가하는 기능을 갖는다는 의미에서, 인간의 유기적 인격을 대표하며 적어도 인간의 자기 보존에 대해서는 '의식'을 대표한다고 말할 수 있다. 아버지와 사회의 명령이나 금지의 내재화인 초자아는, 의식일 수도 있고 무의식일 수도 있으므로, 이것을 무의식이나 의식과 각각 동일시할 수는 없다. 게다가 무의식을 지리적으로 사용하는 방식은 뒤에 설명하듯이 '갖는다'는 술어를 사용하여 생각하려는 현대의 일반적 경향에 의해 조장되었다. 사람들은 잠을 잘 수 없다고 말하는 대신에 불면을 갖는다고 말하며, 우울하다고 말하는 대신에 우울한 문제를 갖는다고 말한다.

이와 같이 사람들은 자동차나 집이나 어린아이를 갖고 있는 것처럼, 문제나 감정이나 분석의를 갖는다는 식으로 무의식을 갖는다고 말하는 것이다.

오늘날 '하의식'이라는 말을 좋아하는 사람들이 많은 이유가 여기에 있다. 왜냐하면 이 말은 분명히 기능보다 영역을 나타내기 때문이다. 나는 무의식이었다고 말할 수는 있을지 모르지만, 하의식이었다고 말하는 건 이상하다.[1] 프로이트의 무의식 개념이 가진 또 하나의 문제점

---

1) 융이 사용한 '무의식'이라는 술어는 이 개념을 지리적으로 사용하는 일을 방지하는 데 도움을 주지는 않는다. 프로이트에게 있어 무의식은 악으로 충만된 작은 방이지만, 융의 무의식은 인간의 본질적이고 또 잊혀졌던 예지의 보물로 충만된 동혈이며, 그것이 개념화된 것이다.

은, 무의식이라는 자각과 무자각의 대립 상태와, 이드의 본능적 충동이라는 내용과를 동일시하려는 경향이다. 하긴 프로이트 자신은 조심스럽게 무의식의 개념을 이드와 분리시켰다. 여기서 잊어서는 안 될 것은, 두 개의 전혀 다른 개념이 다루어진다는 사실인데, 그 하나는 일정한 본능 충동에 관한 것이고, 다른 하나는 일정한 지각 상태, 즉 자각과 무자각의 상태에 관한 것이다.

우리 사회에서 일반인은 어떤 종류의 본능적 요구를 자각하고 있지 않다. 그러나 식인종은 다른 인간 존재와 동화되고 싶다는 자신의 욕구를 완전히 자각하고, 정신병자는 여러 가지 원초적 욕망을 충분히 자각하며, 우리도 꿈속에서는 마찬가지이다. 그러므로 원초적 내용이라는 개념과, 무자각 혹은 무의식 상태의 개념을 분리시키기만 하면 명료히 무의식을 이해할 수 있다. 사실 '무의식'이라는 말은 사람을 현혹시키는 데가 있다(이 부분을 쓰고 있는 나 자신도 얼마간 꺼림칙한 것을 느끼지 않을 수 없지만, 편리하다는 이유로 이 말을 사용한다.) 무의식이라는 게 존재하는 것이 아니라, 다만 우리가 자각한다는 체험이 있을 뿐이며, 그 밖의 것은 알아채질 못하고 무의식일 뿐이다. 내가 어떤 사람을 두려워하기 때문에 미워한다고 하자, 더욱이 그 미움을 자각하고는 있어도 두려움을 자각하지는 않았다고 하자. 그러면 나의 미움은 의식적이고, 나의 두려움은 무의식적이라는 말이 된다. 하지만 그래도 이 두려움은 결코 신비적인 무의식이라는 장소에 존재하는 것은 아니다.

그러나 성적 충동이나 미움, 두려움과 같은 감정이 억압될 뿐만 아니라, 우리 자신이 손상을 입지 않으려는 일정한 이념이나 이해와 상반되는 사실의 자각 역시 억압되는 것이다. 이런 종류의 억압의 예는 국제관계의 분야에서 볼 수 있다. 여기서는 사실에 의거한 지식이 간단히 억압되는 경우가 특히 많다. 일반인이나 정책의 입안자조차도 자기들의 정치적 논의에 맞지 않는 사실을 간단히 잊어버린다.

이를테면 1961년 봄에 매우 유능한 신문기자와 베를린 문제를 논할 때, 나는 자신의 의견으로서 1959년의 제네바 외상 회의의 약속에 따라, 기꺼이 타협하려는 근거를 우리가 흐루시초프에게 주고 있다는 사실을 얘기했다. 그것은 상징적 의미가 있는 군대를 삭감하고, 서베를린에서의 반공 선전을 중지한다는 따위의 일이었다. 이 신문기자는 그런 회담이 열린 적이 없었고, 그런 일에 대해 논의된 적도 절대로 없었다고 주장했다. 즉 그는 2년 전에 존재했고, 자신도 그것을 알고 있던 사실을 완전히 억압한 것이다. 억압은 이 경우처럼 반드시 격렬한 것은 아니다. 흔히 주지된 사실의 억압보다는 '알고 있을 듯한' 사실의 억압이 일어난다. 이 기구를 나타내는 예는, 지도적 정치가나 장군을 포함 수백만 명의 독일인들이 나치의 가장 흉악한 죄악을 몰랐다고 증언하고 있는 일이다. 일반 미국인들이 "그들은 틀림없이 거짓말을 하고 있을 게다. 왜냐하면 자신의 눈앞에서 벌어졌던 사실을 보지 않을 수 없었을 테니까"라고 주장하는 말을 흔히 들었다(내가 여기서 '과거형'을 사용한 까닭은, 이 책을 쓰고 있는 지금, 독일인은 우리의 가장 친밀한 동료가 되어 있으며, 그 때문에 독일인이 이전에 '적'이었을 때와 비교하여 이러한 일을 모두 다르게 보고 있으리라고 생각하기 때문이다.) 그러나 이렇게 주장한 사람들은, 싫은 일은 보지 않고 넘어간다는 인간의 능력, 즉 인간은 인식하려고 하면 인식할 수 있는 일을 진지한 얼굴로 부정하는 경우도 있다는 사실을 잊었던 것이다(H. S. 설리번은 이 현상을 매우 훌륭히 표현하여 '선택적 부주의'라는 술어를 만들었다). 또 하나의 형의 억압에는, 한 사건의 일정한 측면만을 기억하고 다른 측면은 잊어버리는 형의 것이 있다.

오늘날 1930년대의 '완화 정책'에 대해 얘기할 때, 영국과 프랑스는 독일의 재군비를 두려워하여 히틀러의 요구를 만족시키려 했으며, 이

만큼 영보하면 히틀러가 그 이상은 요구하지 않으리라고 생각한 걸로 알려져 있다. 그러나 여기서 잊혀지고 있는 것은, 볼드윈과 체임벌린이 이끄는 영국의 보수당 내각이 무솔리니의 이탈리아나 나치의 독일에 호감을 갖고 있었다는 사실이다. 만일 이러한 호감이 없었다면, 완화정책을 필요로 하기 전에 독일의 재군비를 정지시킬 수 있었을 것이다.

나치의 이데올로기에 대해 공공연히 나타낸 분노는 정책의 모순의 결과이지 그 원인이었던 것은 아니다. 그리고 하나의 억압형은 사실이 억압되는 것이 아니라, 그 정서적·도덕적 중요성이 억압되는 형이다. 이를테면 전쟁 때에 적이 저지른 잔학 행위는 적의 악마적인 악의 증거로 체험되지만, 아군에 의해 저질러진 잔학행위는 유감스럽긴 하지만 부득이한 이유에 의하는 것으로 느껴진다. 적의 행위는 악마적이며, 아군에 의해 저질러진 행위는 유감스럽기는커녕 완전히 정당하다고 보는 사람이 많음은 말할 것도 없을 것이다.

요약하면 프로이트 사상의 중심은 인간의 주체성이 사실은 객관적 요인에 의해 규정되었다는 점이다. 인간의 주체성은 인간 자신의 의식에 관한 한 객관적이지만, 객관적 요인은 마치 인간의 배후에서 작용하여 그의 사고와 감정을 규정하고, 간접적으로 그의 행위를 규정하는 것처럼 보인다. 자기의 사고와 선택의 자유를 그토록 자랑하는 인간은 사실은 위쪽이나 배후로부터 실에 의해 조정되는 꼭두각시에 지나지 않는 것이며, 자신의 의식으로는 알 수 없는 힘에 의해 움직여지는 것이다. 자신의 자유의지에 따라 행동한다는 환상을 갖기 위해, 인간은 합리화를 발명했다. 그래서 인간은 자기가 합리적·도덕적 이유에 의해 선택하며, 그의 의무를 다하고 있다고 착각하는 것이다. 그러나 프로이트는 인간이 자신을 규정하는 힘에 대해 결정적으로 무력하다는 것을 확인하는 운명론에 머물러 있지는 않았다. 인간은 그의 배후에서 작용하는 힘 자체를 자각함으로써 자유의 영역을 확대하고, 무의식의 힘에 의해 움직여지는 무력한 꼭두각시로부터 자기의 운명을 결정하는 자각된 자유로운 인간으로 자기를 변형시킬 수 있다고 그는 생각했다. 프로이트는 이 목표를 "이드가 있는 곳에는 자아가 있을 것이다"라는 말로 나타내었다.

인간의 의식과 그 결정에 영향을 미치는 무의식적 힘에 대한 개념은, 서구의 사고 전통 속에서 17세기까지 거슬러 올라갈 수가 있다.

무의식에 대해 명백한 개념을 갖고 있던 최초의 사상가는 스피노자였다. "인간은 자기 자신의 욕망을 자각하지만, 이 욕망을 결정하는 원인에 대해서는 무지하다"고 그는 말하였다. 바꾸어 말하면, 사람은 무의식적인 요인에 의해 동기되어 있어 자유롭지 않지만, 자유로운 듯한 환상을 갖고 생활한다는 것이다. 스피노자에 의하면 이 무의식적 동기의 존재 자체가 인간을 구속하는 것이다. 하지만 그는 그것을 아는 것만으로는 만족하지 않았다. 즉 스피노자는 인간의 내적·외적 현실에 대한 자각을 증진시킴으로써 자유가 달성된다고 말한 것이다.

무의식적 동기의 이념은 전혀 다른 방면에서, A. 스미스에 의해서도 주장되었다. "경제적 인간은 보이지 않는 손에 의해, 자신의 의향 속에는 전혀 없었던 목적을 추진하게 되어 버린다"고 그는 기술하였다.[2)]

또 다른 의미에서, 이 개념은 니체의 유명한 말 속에서도 찾아볼 수 있다. "내 기억은 이것을 행하였다고 말한다. 그러나 내 자존심은 이것을 행하지 않았다고 말한다. 그러면 내 기억은 그에 따른다"고 기술하였다.

인간의 의식과 행동을 결정하는 객관적 요인을 끄집어내려는 경향은 모든 사상에서 찾아볼 수 있다. 하지만 그것은 현실을 합리적·과학적으로 파악하려는 일반적 경향의 일부로 볼 수 있는 것이며, 또 중세기

---

2) A. 스미스, 《국부》; A. Smith, An Inquiry in to the Nature and Causes of the Wealth of Nations(1938년).

말 이후의 서구 사상의 특징이기도 했다. 이를테면 봉건 세계는 치안이 잘 확보되어 안전한 것처럼 보였다.

인간은 신에 의해 창조되고, 신에 의해 감시되고 있으며, 인간의 세계는 우주의 중심이었다. 인간의 의식은 정신적인 부동의 내용을 가진 최종적인 것이며, 그것은 마치 원자가 가장 작고 또 나눌 수 없는 물리적 내용을 갖고 있었던 것과 같았다. 그러나 2, 3백 년 동안에 이 세계는 붕괴되어 버렸다.

지구는 우주의 중심이 아니고, 인간은 가장 원시적인 형태의 생명으로부터 출발하여 진화적으로 발전한 것이며, 물리적인 세계도 불과 한 세기 전에는 확실하다고 생각되었던 시공간 개념을 모두 초월하고, 의식도 진리의 근원으로서가 아니라 사고를 뒤덮는 것으로 인식되었다.

스피노자 이후 프로이트 이전까지, 의식의 왕좌를 쓰러뜨리는 데 가장 중대한 기여를 한 저작가는 마르크스이다. 그는 스피노자의 윤리학을 충분히 연구하고 있었으므로, 그의 영향을 받았으리라고 생각된다. 그리고 마르크스의 사상에 결정적인 영향을 미친 것은 헤겔의 역사철학인데, 이 철학은 인간이 저도 모르는 사이에 역사의 목적에 봉사한다는 개념이다. 헤겔에 의하면, 인간이 주관적으로 그의 의식적 목표나 개인적 정열에 의해 움직여진다고 생각할 경우에도, 절대 이념의 대리자가 되게 하는 것이 '이성의 교활성(Die List der Vernunft)'이라는 것이다. 헤겔철학에서 개인과 그의 의식은 이념(또는 신)에 의해 조종되는 역사라는 무대 위의 꼭두각시에 지나지 않는다.

헤겔의 이념이 천상으로부터 인간 활동의 지상으로 내려온 것이라 하는 마르크스는, 인간의 의식과 그에 영향을 미치는 객관적 요인의 기능에 대해 가장 구체적이고 상세한 이념을 제시할 수가 있었다.

《독일 이데올로기》에서 마르크스는 "의식이 생활을 규정하는 것이 아니라, 생활이 의식을 규정한다"고 기술하고, 이것이 헤겔과 자신과의 사상 사이의 결정적인 차이라고 생각했다. 마르크스는 뒤에 "인간 존재를 규정하는 것은 그의 의식이 아니며, 반대로 사회적 존재가 의식을 규정하는 것이다"라고 기술하였다.[3] 인간은 자신의 사상이 그 사회적 존재를 형성한다고 믿어도, 사실은 반대로 그 사회적 현실이 사상을 형성하는 것이다. 마르크스는 또 "이념이나 개념이나 의식의 생산은 우선 인간의 물질적 활동 및 교환과 직접 관계된다. 즉 실생활이 낳은 언어와 직접 결부되는 것이다. 표현이나 사고 및 인간의 정신적 교섭이, 이 단계에서는 물질적 행동으로부터 직접 흘러나오는 것이다. 정신적 산물에 대해 설명한 것과 같은 일이 정치나 법률, 도덕, 형이상학 등에서 사용하는 언어에도 해당된다. 인간은 개념이나 이념 등의 생산자이며, 진정한 활동적 인간은 최고의 형식에 있어서조차 생산력이나 그에 관련된 교섭의 발전단계에 의해 조건지어지는 것이다. 의식이란 의식적 존재 이외의 아무것도 아니다. 그와 마찬가지로 인간존재는 현실의 생활과정 자체이다. 모든 이데올로기 중에서, 인간과 그 환경이 '어둠의 상자(camera Obscura)'[4] 속에서 역전되듯이 거꾸로 보이는 것은, 신체적 생활과정에서 눈의 망막에 비치는 객체가 거꾸로 서 있듯이, 역사적 생활과정 속에서도 같은 현상이 일어나는 것이다"[5]라고 기술하였다. 상세히 설명하면, 마르크스는 헤겔의 '이성의 교활성' 학설을 그의 사회계급 개념에 적용하여 《독일 이데올로기》 속에서, 계급은 개인을 넘어서고 이에 대항하는 독립된 존재가 되며, 개인의 존재와 그 발달은 그 사람이 속하는 계급에 의해 규정된다고 주장하였다.

마르크스는 의식과 언어 사이의 관련을 관찰하고, 의식의 사회적 기원을 주장했다. "언어는 의식과 함께 오래 된 것이며, 언어는 그것이

3) 《경제학비판요강》; K. Marx, Zur Kritik derpolitischen Okonomie에의 서문.
4) 중세기의 후기에 완성된 기구로서, 풍경의 상을 거울로 평면상에 비춰 내는 것. 풍경의 상은 종이 위에 거꾸로 나타났다.
5) 《독일 이데올로기》.

타자를 위해 존재하는 한은 실천적 의식이라고 말할 수 있다. 이렇게 생각해야만 비로소 언어가 나에게 친밀한 것으로 존재하기 시작하는 것이다. 의식과 마찬가지로 언어는 타자와의 교섭의 필요성이 발생해야만 비로소 생겨나는 것이다. 내개 있어 그것들은 관련이 있어야만 비로소 존재하는 것이며, 동물은 어떤 것과도 '관련'을 갖지 않으므로 언어나 의식이 없다. 동물의 경우는 동류와의 관계는 갖지만, 관련 속에서의 존재로는 되지 않는다. 그러므로 의식은 처음부터 사회적 산물이며, 인간이 존재하는 한은 그러하다. 의식이 우선 직접적으로 느낄 수 있는 환경에 대한 의식과, 자의식을 성장시켜 가는 개인 주위의 한정된 범위의 타자나 사물에 대한 의식에 한정되는 것은 당연하다. 더욱이 그것은 최초의 인간에 있어 완전히 이질적이고 전능하며, 공격할 수 없는 힘으로 나타나는 자연에 대한 의식이며, 이 자연에 대한 인간의 관계는 순수히 동물적이고, 인간은 자연에 의해 야수처럼 위압당한다. 즉 그것은 순수히 자연에 대한 동물적인 의식(자연 종교)인 것이다"[6]라고 그는 기술하였다.

마르크스는 이미 《독일 이데올로기》[7] 속에서 '보통의 자연스런 욕망의 억압(Verdrangung)'이라는 술어를 사용하였는데, 1914년 이전의 가장 유능한 마르크스주의자의 한 사람이었던 로자 룩셈부르크는 역사과정이 인간에 미치는 결정적 영향에 대한 마르크스주의 학설을 정확한 정신분석학의 술어를 사용하여 표현하였다. "무의식은 의식에 선행하며, 역사과정의 논리는 이 과정에 참여하는 인간 존재의 주관적 논리에 선행한다"[8]고 그녀는 기술하였다. 이 공식은 마르크스의 사상을 가

6) 《독일 이데올로기》.

7) 《마르크스 엥겔스 전집판》 1권 5장. 맥시밀리언 루벨이 문장을 지적해 준 것을 감사한다. 루벨은 이 문장을 그의 《칼 마르크스 전기에 대한 에세이》(1957년) 속에 기술하였다. 또 루벨은 같은 문맥에서 마르크스의 학설과 정신분석적 사고의 관련에 대해 매우 흥미로운 지적을 하였다.

장 명료하게 나타내는 것이다. 인간의 의식, 즉 그 '주관적 과정'은 룩셈부르크가 '무의식'과 동등하게 본 '역사과정의 논리'에 의해 규정되는 것이다.

여기서는 프로이트와 마르크스의 '무의식'이 보통 용어로서의 공통성 이상의 것을 갖지 않는 것처럼 보인다. 그러나 이 문제에 대한 마르크스의 이념을 더욱 추구하면, 이 학설들은 동일하진 않으나 공통된 기반임을 알 수 있다.

마르크스는 '억압'이라는 말을 사용하는 1절의 앞부분에서, 개인의 생활에 있어서 의식의 역할에 대해 많은 사상을 기술하였다. "사람이 자기 자신, 즉 전체적 생명으로서의 개인을 만족시키지 않고, 하나의 정열을 다른 것으로부터 분리시켜 만족시킬 수 있다"고 믿는 것은 무의미하며, "만약 이 정열이 추상적이며 분리된 성격인 것처럼 느껴지고, 이 단일한 정열을 만족시키는 일로 개인이 만족할 수 있었다고 하면 … 그 이유는 의식이 아니라 그 존재에서 찾아야 하며, 사고가 아니라 생활에서 찾아야 한다. 그것은 또한 그 개인이 생활하는 세계의 조건에서 생겨나는 그 개인의 경험적 발전과 자기표현 속에서 찾아야 한다"[9]는 사실을 마르크스는 기술하였다. 이 문장에서 그는 의식과 존재의 대립과도 비견할 만한 사고와 생활의 양극성을 확립한 것이다. 마르크스는 앞에서 말한 사회의 게슈탈트가 개인 존재를 형성하고, 간접적으로 그 사고를 만든다고 기술하였다(이 문장은 마르크스가 정신병리적 문제의 가장 중요한 이념을 다루었다는 의미에서도 흥미가 있다. 격리된 하나의 정열을 만족시켜도 전체적 인간으로서의 그 사람 자신은 불만족 상태에 머무르며, 이 격리된 정열의 노예가 되어 오늘

---

8) 로자 룩셈부르크, 《레닌주의냐, 마르크스주의냐》; Rosa Luxenburg, Leninismus oder Marxismus.

9) 《마르크스 엥겔스 전집판》 1권 5장.

날 우리가 말하는 신경증 환자가 되고, 자기 자신을 전체적인 생생한 인간으로 느낄 수가 없게 된다).

마르크스는 프로이트처럼 인간의 의식이 거의 '그릇된 의식'임을 믿었다. 사람은 자신의 사상이나 사고 활동의 산물이 확실한 것이라고 믿지만, 실은 그 사람의 배후에서 작용하는 객관적인 힘에 의해 규정되는 것이다. 프로이트의 학설에서는 이 객관적인 힘을 생리학적 · 생물학적 욕구로 보고, 마르크스의 학설에서는 존재를 규정하며 간접적으로는 개인의 의식을 규정하는 사회적 · 경제적인 역사의 힘으로 보았다.

예를 들어 생각해 보자, 과거 수십 년 동안에 발전한 공업 생산의 방법은 거대한 중앙 집권적 기업의 존재를 기초로 하며, 그것은 관리자 엘리트에 의해 지배되고, 수십만 명의 노동자나 사무원이 부드럽게 마찰 없이 일을 한다. 이 관료주의 공업체계는 노동자나 관료의 생활을 형성하며, 그들의 사상까지도 형성하는 것이다. 관료주의라는 것은 보수적이고 모험을 좋아하지 않는 것이다. 그의 주된 욕망은 진보하는 일이지만, 위험스런 결정을 피하고 자기의 지도 원리에 따라 그 조직을 정상적으로 활동시키려는 것이 그가 할 수 있는 최대한의 일이다. 노동자나 사무원측에서도 물질적 · 심리적 보수를 주기만 하면 조직의 일부임을 만족해하는 경향이 있으므로, 이러한 생각은 용이하게 정당화될 수 있다. 그들 자신의 노동조합 조직도 여러 가지 의미에서 그 공업조직과 흡사하다. 즉 거대한 조직, 높은 급료를 받는 관료적인 지도자, 각 개인이 적극적으로 참가하지 않는 일 따위가 그것이다. 거대한 공업의 발달은 거대한 중앙 집권적 정부와 군대의 발달을 수반하며, 양쪽 모두 공업 기업체에 적용되는 것과 같은 원리를 사용하고 있다.[10] 이런 타입의 사회 조직은 실업계나 정부, 군대의 엘리트 및 어

10) 이 보수주의자들이 적어도 표면적으로는 거대한 정부에 반대함에도 불구하고, 보통 거대한 사업이나 군사적 조직에는 반대하지 않는 것은 아이러니컬한 사실이다.

느 정도 노동조합의 엘리트까지도 만들어 내는 경향이 있다. 실업계와 정부, 군대의 엘리트들은 그 인원이나 태도, 사고방식에 대해서도 밀접하게 관련되고 있다. '자본주의'의 나라들과 '공산주의자'인 소련 사이에 존재하는 정치적·사회적 차이에도 불구하고, 기본적인 생산양식이 닮아 있기 때문에 각 엘리트들의 느낌이나 사고방식도 비슷하게 되어 있다.[11)]

엘리트 각자의 의식은 그 사회적 존재의 산물이다. 엘리트들은 자신들의 조직방법과 거기에 있는 여러 가치들이 '가장 인간에게 이롭다'고 생각하고, 이 가정에 맞추어 인간성을 마음속에 그리기 때문에, 자기의 체계에 의문을 품거나 그것을 위험에 빠뜨릴 듯한 모든 이념과 체계에 적의를 갖는다. 그들은 그 조직을 위험에 빠뜨릴 듯하면 군축에도 반대하며, 관리자 계급을 달리하는 체계에 대해서도 의심에 찬 적의를 품고 있다. 엘리트들은 의식적으로는 자신의 동기가 국가나 의무, 도덕, 정치적 원리 등에 대한 애국적 관심에 의거한다고 진정으로 믿는다. 양쪽 체제 측의 엘리트들은 똑같이 그 생산양식의 본질에서 오는 사상이나 이념에 붙잡혀져 있기 때문에 의식적 사고에 있어서는 진지한 것이다. 엄밀하게 말하면 그들이 진지하고, 또 그 사상의 배후에 있는 참다운 동기를 자각하지 않기 때문에 그 마음을 바꾸기가 어려운 것이다. 그들은 힘이나 금권력이나 특권을 얻고자 하는 강한 욕망에 의해 움직여지는 것은 아니다. 정확히 말하면, 이런 동기도 있긴 있지

11) C. 라이트 밀스는 이러한 엘리트를 '파워 엘리트'라 부르고, 그들을 분석한 훌륭한 저서의 표제로 삼았다. 《파워 엘리트》; C. Wright Mills, The Power Elite. 그러나 그는 이 파워 엘리트가 일정한 생산과 사회 조직의 산물이며, 파워 엘리트가 존재한다는 것은 마르크스의 가정에 반한다기보다도 그것을 확인하는 것임을 충분히 이해하지는 않았다. 최근의 저작 《마르크시스트》 The Marxists(1962년)에서 그는 마르크스주의자의 경제적 결정론을 비판하고, 군사적 결정론도 마찬가지로 의미가 있는 가정이라고 기술하였다. 그러나 이 엘리트와 그 역할은, 마르크스가 만든 모델을 기초로 해 보면 정확히 이해할 수 있는 것이라고 나는 믿는다.

만, 이 동기만으로 움직이는 사람은 오히려 예외에 속한다.

개인적으로는 엘리트들도 다른 모든 인간들과 마찬가지로 일정한 이익을 기꺼이 희생하며 내버린다. 그러므로 여기서 동인이 되어 있는 것은 그 사회 기능이 의식을 형성하기 때문에 자신이 올바르며 자신의 목적이 정당하다고 그들이 믿는 일이며, 사실 그것은 의문의 여지가 없다. 이 점을 생각하면 또 하나의 매우 이해하기 어려운 현상을 이해할 수가 있다.

바야흐로 양대 진영의 엘리트들은 파멸에의 길을 걷고 있으며, 평화를 지키는 협정에 도달하기는 매우 어렵게 돼 버렸다. 더욱이 의심할 것도 없이 핵전쟁은 엘리트들이나 그 가족들의 죽음을 의미하고, 그 조직의 파괴까지도 의미한다. 만약 그들이 돈이나 힘에의 욕망에 의해 움직인다고 하더라도, 이러한 죽음의 공포를 능가하는 강한 욕망을 이해하기는 어렵다. 하긴 특히 신경증적인 인간의 경우는 다를지도 모른다. 그러나 문제는 그들의 생각을 바꾸는 일의 어려움에 있다. 그들은 합리적이고 예절과 명예를 존중하는 셈이므로, 만일 우리가 모두 핵폭발의 희생이 되어 멸망된다 하더라도, '이성', '예절', '명예'에 의해 행동하는 수밖에 없다는 생각을 그들이 바꾸지 않는 이상 어찌할 도리가 없다.

지금까지 마르크스의 사상에서 사회적 존재가 어떻게 의식을 규정하는 것으로 되어 있는지를 설명해 왔다. 그러나 마르크스는 흔히 주장되는 바와 같은 '결정론자'는 아니었다. 그의 입장은 스피노자의 경우와 흡사하다. 즉 의식적 자아의 외부에 있는 힘이나, 배후에서 자기를 조종하는 정열이나 흥미에 의해 우리는 규정되는 것이다. 그리고 그 정도가 강할수록 우리는 자유롭지 못한 셈이 된다. 그러나 우리는 이 현실을 충분히 자각함으로써 이 기반을 끊어 버리고 자유의 영역을 확대할 수 있는 것이다. 이리하여 환상을 포기함으로써 혼미 상태인 채 자유가 없고, 규정되고 종속되며 수동적이 되어 있는 인격으로부터 각성, 자각하고 능동적이며 독립된 인격으로 변모해 가는 것이다. 스피노자와 마르크스에게 있어, 인생의 목적은 기반으로부터 자유로이 되는 일이었다. 이 목적을 지향하기 위해서는 환상을 극복하고, 우리의 적극적인 힘을 충분히 활용하지 않으면 안 된다.

프로이트의 입장도 본질적으로는 같은 것이었다. 그는 자유와 기반에 대해서보다도 정신위생과 정신장애에 대해 더 많이 얘기하였다. 하지만 프로이트는 인간이 객관적 요인(리비도와 그 숙명)에 의해 규정되고는 있지만, 그 규정을 넘어설 수도 있는 것이며, 그러기 위해서는 환상을 극복하고 현실에 눈 뜨며, 무엇이 진실이고 또 무의식인가를 자각하지 않으면 안 된다고 생각하였다. 치료자로서의 프로이트의 원리도, 무의식을 자각하는 일이 정신장애를 치유하는 방법이라는 것이었다. 나아가서 사회철학자로서도 그는 같은 원리를 믿었다. 즉 현실을 자각하고 환상을 극복하면 인생과 대결할 수 있는 강한 힘을 얻을 수 있다고 생각한 것이다.

프로이트는 이 생각을《환상의 미래》속에서 가장 명백히 표현하였다. "신경증에 걸려 있지 않은 사람은 그것을 마비시키기 위한 마약을 필요로 하지 않는 것이 아닐까? 그런 경우에 인간은 확실히 어려운 상황에 직면하게 될 것이다. 말하자면 어찌할 도리도 없는 불안 상태, 즉 우주라는 기구 속에서 완전히 무력하고 무의미한 존재임을 인정하지 않을 수 없는 것이며, 이미 우주창조의 중심도 아니고, 자비로운 신의 은총의 대상일 수도 없는 것이다. 그것은 따뜻하고 기분 좋은 생가를 떠나는 어린아이의 경우와도 같다. 그러나 상태는 아무래도 극복되어야 할 운명에 있다. 인간은 영원히 어린아이의 상태로 머물러 있을 수는 없다. 언젠가는 '적의 있는 인생' 속으로 나가지 않으면 안 된다. 이것은 '현실에의 교육'이라 해도 좋다.[12] 또 우리의 신인 오성은 전능이라고는 할 수 없을지 모른다. 오성은 그 조상인 신이 약속한 것을 약간 밖에 내려 주지 않을지도 모른다. 그러나 이것을 승인하지 않을 수 없다면 우리는 체념하며 견뎌 내기로 하자. 세계와 인생에 대한 우리의 흥미는 이 정도의 일로 잃어버리는 것이 아니다. … 아니, 우리의 과학은 환상이 아니다. 오히려 환상이란 과학이 우리에게 줄 수 없는 것을 어떤 다른 곳에서 입수할 수 있는 것처럼 믿는 것을 말할 것이다"라고 프로이트는 기술하였다.[13)]

마르크스에게 있어 환상을 자각하는 일은 자유와 인간적 행위를 위한 조건이다. 그는 이 이념을, 종교 기능을 분석한 초기의 저작 속에서 훌륭히 표현하였다. "종교적 고뇌는 동시에 현실의 고뇌의 표현이며, 현실의 고뇌에 대한 항의이기도 하다. 종교는 압박당한 인간을 위한 호흡이고, 마음 없는 세계의 마음이며, 현세적 상황에서의 영혼인 것이다." "백성들의 현실적 행복을 위해서는 환상에 의거한 행복으로서의 종교의 폐지가 필요해진다. 그 상황에 대한 환상을 버리고 싶다는 소망은, 환상을 필요로 하는 상황을 버리고 싶다는 소망이다. 그러므로 종교에 대한 비판은, 비애라는 베일에 대한 비판을 내포하고 있으며, 이 비애에 영광을 부여하는 것이 종교이다." "비판은 질곡으로부터 환상의 꽃을 뜯어 버리지만, 그것은 인간이 환상이나 위안 없이 질곡에 결박당하기 위해서가 아니라, 질곡을 뿌리치고 살아 있는 꽃을 따기 위해서이다. 종교에 대한 비판은 인간의 환상을 제거하고, 환상으로부터 깨어나 이성에 도달한 인간으로서 생각하고 행동하며 현실을 형성하게 만든다. 그러므로 인간은 자기 자신의 주위를, 즉 자신의 진정한 태양의 주위를 돌게 된다. 종교는 환상의 태양에 지나지 않는다. 그리고 그것은 인간이 자기 자신의 주위를 돌지 않는 한, 인간의 주위를

---

12) S. 프로이트, 《환상의 미래》; S. Freud, Die Zukunft einer Illusion.
13) 위와 같음.

도는 것이다."[14]

인간은 어떻게 하면 환상으로부터 자기 자신을 자유롭게 하는 목표에 도달할 수 있을까? 마르크스는 의식을 개혁함으로써 이 목표에 도달할 수 있다고 생각했다. "사실, 의식의 개혁은 세계의 의식을 자각시키고, 꿈꾸는 세계를 눈뜨게 하며, 사람이 세계에 대한 자기의 행위를 해석함으로써만 달성된다. … 그러므로 독단에 의지하지 않고, 신비적이고 혼란된 의식을 분석함으로써 의식을 개혁한다는 게 우리의 모토이며, 그 내용이 정치적인 것인지 종교적인지의 여부는 문제가 되지 않는다. 그래야만 비로소 세계가 이미 오랜 동안 어떤 꿈을 꾸었으며, 실제로 꿈을 꾸었다면 그것은 무엇에 대한 의식이 존재하였기 때문임을 알게 된다. 또 우리는 과거와 현재 사이의 거대한 균열을 처리하는 것이 아니라, 과거 사상의 실현(Vollziehung)을 지향함을 알게 된다. 더욱이 인류가 어떤 새로운 임무에 착수하려는 것이 아니라, 옛부터 있어 온 임무를 의식적으로 완성하려한다는 것을 이해할 수 있다. … 이것은 신앙 고백 이외의 아무것도 아니다. 죄를 용서받기 위해서는 인류가 그것이 무슨 죄였던가를 설명하기만 하면 되는 것이다."[15]

여기서 마르크스와 프로이트의 무의식의 개념을 대결시켜 요약해 보자. 양쪽 다 "인간이 의식적으로 생각하는 일의 대부분은, 일하는 인간으로서는 알 수 없는 배후의 힘에 의해 규정되는 것이며, 또 자기의 행위를 합리적이고 도덕적인 것이라 생각하고, 이러한 합리화(그릇된 의식이나 이데올로기)에 의해 주관적으로는 만족하는 것이다"라고 믿었다. 그러나 알 수 없는 힘에 의해 움직여지는 존재인 한, 인간은 자유롭지 않다. 그러므로 인간은 이들의 동기가 되는 힘이나 현실을 자

14) 《헤겔의 법철학 비판학설》《마르크스 엥겔스 전집판》 제1장. K. Marx, Zur Kritik der Hegelischen Rechts philosophie.
15) K. 마르크스, 《R에의 편지》 1843년 9월, 《마르크스 엥겔스 전집판》 제1편 제2장.

각해야만 비로소 자유로워지고 건강해진다. 그리고 그 결과 맹목적인 힘의 노예가 아니라(현실의 범위 내에서의 얘기이긴 하지만), 그 인생의 지배자가 될 수 있는 것이다. 즉 마르크스와 프로이트의 기본적인 차이는 인간을 규정하는 힘의 본질에 대한 개념의 차이에 있었다. 프로이트에게 있어 그것은 본질적으로 생리학적인 것(리비도)이거나 생물학적인 것(죽음의 본능이나 삶의 본능)이었으며, 마르크스에게 있어 그것은 인간의 사회 경제적 진화과정에 있어서의 역사적인 힘이었다. 즉 마르크스에게 있어 인간의 의식은 그 존재에 의해 규정되고, 그 존재는 생활의 실천에 의해 규정되는 것이다. 더욱이 인간 생활의 실천은 생계를 영위하는 방식, 즉 생산방식과 사회구조 및 그에 의한 분배와 소비의 방식에 의해 규정되었다고 그는 생각한 것이다.[16)]

마르크스와 프로이트의 개념은 서로 용납되지 않는 것이다. 왜냐하면 마르크스가 현실적으로 활동하는 인간, 즉 그 생물학적·생리학적 조건까지도 포함한 현실의 생활과정을 바탕으로 하여 출발했기 때문이다. 마르크스는 성적 충동이 어떤 환경에서나 존재하며, 사회적 조건은 다만 그 타입과 방향을 바꿀 수 있을 뿐임을 인식하였다.

프로이트파의 학설은 어떻게 해서든 마르크스의 학설 속에 짜넣을 수 있을지 모르지만 거기에는 두 가지의 기본적인 차이가 존재한다. 마르크스에게 있어 인간 존재와 그 의식은 그 사람이 속해 있는 사회의 구조에 의해 규정되지만, 프로이트에게 있어서는 사회란 인간의 내적인 생물학적·생리학적 요소를 어느 정도 억압함으로써 그 존재에 영향을 미치는 것에 지나지 않는다. 지금 말한 차이에 이어지는 제2의

16) 칼 만하임은 사회주의자의 학설이 '무의식의 복면을 벗기는' 능력을 갖는 '새로운 지적 무기'임을 처음으로 지적한 사람이었다. 그는 또 "집합 무의식과 그에 의해 생겨나는 활동은, 사회적 현실의 어떤 종류의 측면을 은폐하는 데 유용하다"고 기술하였다. 칼 만하임의 《이데올로기와 유토피아》; Karl Manheim, Ideology and Utopia 〈A Harcerst Book〉).

차이는, 프로이트가 인간은 사회적 변화 없이도 억압을 극복하고 자기를 해방할 수 있다고 믿었던 일이다. 한편 마르크스는 보편적이고 충분히 각성된 인간은 인류에 있어 새롭고 진정으로 인간적인 경제적·사회적 기구를 가져오는 사회의 변화를 수반해야만 비로소 탄생될 수 있음을 꿰뚫어 본 최초의 사상가였다.

마르크스는 사회적인 힘에의 의식을 규정함에 있어 일반론을 말했을 뿐이었다. 그래서 다음에는 이러한 의식의 규정이 어떻게 일어나는지를 구체적·개별적으로 기술해 보려고 한다.[17)]

어떤 체험이 자각되기 위해서는, 그 체험이 의식적 사고를 구성하는 범주 속에서 이해될 수 있는 것이어야 한다. 자기의 안팎에서 일어난 어떤 사건을 자각할 수 있는 것은, 그것이 이해할 수 있는 범주체계와 관계가 있을 때뿐이다. 시간이나 공간과 같은 범주는 보편적이어서 모든 인간에게 공통된 지각의 범주를 형성한다.

그러나 인과관계와 같은 것은 어떤 사람에게는 의미가 있는 범주에 속할지 모르지만, 의식적 지각을 갖는 모든 사람에게 그런 것은 아니다. 그 밖의 범주에는 더욱 일반성이 희박하고 문화에 따라 다른 것이

---

17) 「원초형과 집합 무의식」. 여기서 사용되는 개념과 융의 그것과의 사이에는 어떤 종류의 유사성이 있으므로 잠깐 설명할 필요가 있다. 우선 융은 프로이트보다도 신경증의 사회적 성격을 강조하고 있음을 말해 둘 필요가 있다. "신경증은 대개 사적 문제에 그치지 않으며, 사회적 현상인 것이다…"라고 그는 믿었다. 더욱이 그는 사적 무의식의 밑바닥에 있는 심층 '집합 무의식'을 생각하고 이것은 「개인적인 것이 아니라 보편적인 것이다. 사적인 마음과는 다르며, 그것은 많든 적든 간에 어디서나 누구에게나 같은 내용과 사회적 습관이 행동으로 나타난다. 바꾸어 말하면 그것은 모든 인간에게 공통된 것이며, 우리 모두에게 존재하는 초개인적 성질을 가진 공통된 심적 대용품이 되는 것이다」. 나는 우리 모두에게 있는 마음의 본질이 보편적 성격을 갖는 것이라는 융의 중심적인 논점에 동의한다. 하지만 융의 '집합 무의식'이라는 말과 여기서 사용하는 '사회적 무의식'의 차이는, 집합 무의식이 거의 의식화되지 않는 보편적인 마음을 직접 의미하는 데 비해, 사회적 무의식의 개념은 사회의 억압적 성격이라는 생각에서 출발하여, 일정한 사회가 자각하는 일을 허용하지 않는 인간적 체험의 특수한 부분을 가리킨다는 점에 있다. 그러므로 사회적 무의식은 그 사회가 인간으로부터 멀리 하려 한 인간성의 일부이며, 보편적인 마음속에서 사회적으로 억압된 부분인 것이다.

있다. 이를테면 전공업적 문화에서는, 어떤 종류의 것은 상품가치를 갖는 것으로 이해되지 않지만, 그것이 공업체계 속에서는 상품으로 생각된다. 더욱이 어떤 체험이 자각되는 것은, 그것이 자각체계[18]나 그에 대한 범주로서 이해되고 관련되며, 질서 속에 위치를 부여할 수 있는 조건에 있는 것뿐이다. 더욱이 이 체계 자체가 사회적 진화의 산물이다. 모든 사회는 그 생활의 실천이나, 관련하는 타입이나, 감정이나 지각의 타입에 의해 체계나 범주를 발전시키고, 그것이 의식의 타입을 규정하는 것이다. 이 체계는 사회에 의해 조건지어진 필터와 같은 작용을 한다. 그리고 체험은 이 필터를 거치지 않으면 자각되지 않을 것이다.[19]

그래서 이 '사회적 필터'가 어떻게 작용하는가, 또 일정한 체험이 이 필터를 거치고, 다른 체험이 자각되지 않는 것은 무슨 까닭인가, 하는 것을 좀더 구체적으로 이해하는 일이 문제가 된다.

우선 첫째로 손쉽게는 자각되지 않는 체험에 대해 생각할 필요가 있다. 아마 통각은 신체적 체험 중에서 가장 용이하게 의식에 자각되는 것이리라. 성적 욕망이나 굶주림 따위도 간단히 지각될 수 있으며, 개인이나 집단의 보존과 관계있는 감각이 모두 손쉽게 자각되는 것은 명백하다. 그러나 더욱 미묘하고 복잡한 체험, 이를테면 '이른 아침, 장미의 꽃망울 위에 이슬이 맺히고, 공기는 아직 차가우며, 해가 떠오르고,

---

18) 이와 같은 생각은 이미 E. 사하텔에 의해 유년 시절의 기억 건망에 대해 기술되었다(《기억과 유년 시절의 건망》, 정신의학, 1947년). 이 표제가 나타내는 것처럼, 여기서 그는 가장 특수한 유년 시절의 건망의 문제와, 어린아이와 어른에 의해 사용되는 범주 사이의 차이에 관심을 가지고 있었다. 그는 "유년 시절의 체험과, 성인의 기억의 범주나 조직 사이에 생기는 모순은 대부분 … 성인의 기억의 양식화 때문이다"라고 결론을 내렸다. 그가 유아와 성인의 기억에 대해 얘기한 것은 진실이리라고 생각하지만, 이런 현상은 유아와 성인의 범주의 차이에서만 보이거나, 여러 가지 문화나 기억만의 문제에 머무는 것이 아니며, 의식 일반의 문제에 해당하는 것이다.

19) 다음 저서에서 이 문제에 대해 상세히 논해 두었다. 《선과 정신분석》; D. T. Suzuki, E. Fromm, R. de Martino. Zen Buddhism and Psychoanalysis(Harper Bros.).

새가 지저귄다'는 따위의 체험은 어떤 종류의 문화에서는 용이하게 자각되지만, 근대 서구 문화에서는 이와 같은 체험이 주의를 기울여야 할만큼 '중요'하지도 '중대'하지도 않은 것으로 여겨지며, 보통은 자각되지 않는다. 마음에 깊은 감동을 주는 체험이 자각되느냐의 여부는, 그 체험이 그 문화에서 중요시되고 있느냐의 여부에 달려 있다. 감정적 체험 중에는, 일정한 언어에서는 그에 해당하는 단어가 존재하지 않으며, 다른 언어에서는 그 느낌을 표현하는 많은 단어가 있다. 서로 다른 감정적 체험을 표현하는, 각각 다른 단어가 없는 언어 중에서, 그 체험을 명료히 자각하기란 거의 불가능한 일이다. 일반적으로 그 언어가 이것을 표현하는 단어를 갖고 있지 않는 체험은 거의 자각되지 않는다고 말할 수 있을 것이다.

이것은 우리의 지적 합리적 도식에 들어맞지 않는 체험에는 특히 관계가 깊다. 이를테면 영어의 '외경(awe)'이라는 말(히브리어로는 '노라')은 두 개의 다른 의미가 있다. 외경은 굉장한 공포감을 나타내며, 이것은 지금도 '무섭다(aweful)'는 말 속에 남아 있다. 또 외경이라는 말은 굉장한 존경심도 나타내고 있으며, '공손하다(awesome)'는 말 속에 그것이 남아 있다. 의식적·합리적 사고의 관점에서 볼 때 공포와 존경은 전혀 다른 감정이므로 같은 말로 나타낼 수 없는 것인데, 외경이라는 하나의 말이 있고, 더욱이 그것이 현재 각각 다른 의미로 쓰이는 것은, 그 말이 과거에 공포와 존경을 나타내었다는 것을 잊었기 때문이다. 그러나 감정적 체험으로서는 공포와 존경은 서로 배제하는 것이 아니다. 그렇지 않고, 신체적 체험에서 볼 수 있는 것처럼 공포와 존경은 흔히 하나의 복잡한 감정의 부분인데, 현대인은 보통 그것을 자각하지 않을 뿐이다. 체험의 지적인 면을 별로 강조하지 않는 종족의 언어는 그런 느낌을 표현하는 말이 풍부한데, 우리의 근대적 언어에서는 논리적 검사에 통과되는 경우만 그런 느낌을 표현하는 경향이 있다. 이런 현상은 역동적 심리학의 가장 큰 장애 중의 하나이다.

우리의 언어는 어떤 종류의 신체적 체험을 기술하는 말이 없는데, 그 까닭은 이러한 체험이 우리의 사고도식에 맞지 않기 때문이다. 사실 정신분석은 그것을 처리하는 데 필요한 말이 없다. 그러므로 다른 과학에서 행하여지듯이 일정한 복잡한 느낌을 나타내는 심벌을 사용하는 것일지도 모른다. 이를테면 a/t는 이전에 한 말로 표현되던 존경심과 공포의 복잡한 감정을 나타내는 것으로 하고, 또 XY는 '적의를 품은 도전, 우월성, 비난, 플러스 상처 입은 순진성, 순교, 박해당하고 그릇 비난받는 일' 따위의 느낌을 나타낸다는 식으로 하는 것이다. 또 뒤에 설명한 기호의 느낌은, 우리의 근대적 언어의 관점에서 우리가 믿듯이 각각 다른 느낌을 통한 것이 아니라, 자기나 타자 속에서 찾아볼 수 있는 하나의 특유한 느낌으로서, 그것은 '생각'할 수 없는 것을 느껴질 수 없다는 가정을 초월하기만 하면 이내 알 수 있다. 상징적인 심벌을 사용하지 않을 경우, 정신분석에 가장 적합한 과학적 언어는 아이러니컬하게도 신화의 테마에 의한 표상이나 시 또는 인용에 의거하는 것이다(프로이트는 곧잘 이 방법을 사용하였다).

그러나 정신분석의가 정서적 현상을 나타내는 데는 우리의 언어에 있는 술어를 사용하는 것이 과학적이라 생각한다면 그것은 오해이며, 느껴진 체험으로서의 현실과는 관계가 없는 추상적인 구성물에 대해 설명하는 데 지나지 않는 것이다.[20)]

그렇지만 이것은 언어의 여과 기능의 일면을 설명하는 데 지나지 않는다. 각 언어들은 일정한 감정적 체험을 나타내는 단어가 여러 가지라는 점에서 다를 뿐만 아니라, 문장론 또는 문법에 있어서나 어원에 있어서도 다른 것이다. 언어 전체는 생활 태도까지도 포함한 것이어서,

---

20) 벤자민 월프의 개척자적인 업적을 참조할 것. Benjamin Whorf, Collected Paper on Metalinguistics.

일정한 방식으로 체험되는 생활을 동결하여 표현한 것이다.

두세 가지의 예를 들어 보자. 이를테면 '비가 내린다(It rains)'는 동사형은 여러 가지로 변화시킬 수가 있다. 그것은 비를 맞아 옷이 젖어 버렸기 때문에 그렇게 말하는지, 움막 속에서 비가 내리는 것을 보고 있었기 때문인지, 비가 내리고 있다고 누가 말하는 소리를 들었는지에 따라서 달라진다. 그리고 이처럼 다른 방법으로 사실을 체험하는 일(이 경우는 비가 내리고 있다는 것)이 언어상으로 강조의 차이를 가져오고, 더욱이 그 사람이 사실을 체험하는 방법에 깊은 영향을 미치는 것이다(이를테면 근대문화에 있어서는 지식의 지적 측면만이 강조되기 때문에, 그 사실을 직접 알고 있는가, 간접적으로 체험했는가, 또는 전문인가에 따라 차이가 생겨나는 일이 거의 없다). 또 히브리어에서는 그 활동이 완료되어 있는가 미완료인가에 따라 활용 원칙이 결정되며, 과거 · 현재 · 미래라는 시간의 요소는 2차적으로 표현될 뿐이다. 라틴어에서는 두 원칙(시간과 완료)이 동시에 사용되지만, 영어에서는 시간 감각이 존중된다. 말할 것도 없이 여기서도 활용의 차이는 체험의 차이를 나타내고 있는 것이다.[21)]

또 하나의 예를 들면, 언어에 따라 동사와 명사의 사용법이 다르며, 같은 언어를 쓰는 사람들 사이에서도 그 이용법이 다르다. 명사는 '물건'을, 동사는 '활동'을 의미하는데, '있다'든가 '하고 있다'고 말하는 대신, '물건을 가지고 있다'는 말로 생각하고 싶어 하는 사람이 증가하고 있다. 이 사람들은 동사보다 명사를 좋아하는 셈이 된다.

언어는 단어나 문장, 문법, 또는 그 속에 갇혀진 정신에 의해 어떤 체험이 자각될지를 결정한다.

---

21) 이 차이의 중요성은 구약성서의 독일어역과 영어역을 보면 분명해진다. 히브리어의 텍스트가 사용될 경우, 이를테면 사랑한다는 따위의 감정적 체험의 완료형이 사용되었을 때는 '나는 깊이 사랑한다'는 의미일 경우가 많은데, 번역자가 잘못 해석해서 '나는 사랑했다'고 번역하고 있다.

자각을 가능케 하는 필터의 제2의 측면은, 일정한 문화로 사람의 사고를 인도하는 논리이다. 자신들의 언어는 '자연'스러우며, 다른 언어는 같은 것을 다른 언어로 나타낼 뿐이라고 생각하는 사람이 많으며, 그러한 사람들은 자신의 사고방식을 규정하는 법칙이 자연스럽고 보편적인 것이라고 생각한다. 또 하나의 문화체계에서 불합리한 것은 자연의 논리에 위배되므로, 다른 문화에서도 불합리하다고 생각하는데, 이것의 좋은 예는 형식 논리학과 모순적 논리의 차이에서 볼 수 있다.

형식 논리는, A는 A라는 동일률과, (A는 not A가 아니라는) 모순율과, (A는 A와 not A일 수 없고, 또 A와 not A가 아닐 수도 없다는) 배중률로 이루어져 있다. 아리스토텔레스는 이것을 "동일한 물건이 동시에, 같은 것에, 같은 중요성을 갖고 속하며, 또 속하지 않는다는 일은 불가능하다. … 그러므로 이것은 모든 원리 중에서 가장 확실한 것이다"[22]라고 말하였다.

형식 논리학과는 반대로 모순적 논리라고 불릴 만한 것에 있어서는 A와 not A가 X의 술어로서, 서로 배제하는 것이 아니라고 가정된다. 이 모순적 논리는 중국 및 인도의 사상이나 헤라클레이토스의 철학 속에서 우위를 차지하고, 헤겔과 마르크스의 사상 속에서 변증법이라는 이름 밑에 다시 그 모습을 나타냈다. 모순적 논리의 일반 원리는 노자에 의해 술어를 사용하지 않은 채로 명료히 표현되고 있다. "진실한 말은 모순돼 있는 것처럼 보인다"[23]고 노자는 말하였고, 장자는 "하나인 것은 하나이다. 하나가 아닌 것도 역시 하나이다" 하고 기술하였다.

형식 논리학의 정당성을 믿는 문화에서 생활하는 사람에게 있어, 형식 논리에 반하는 체험을 자각하는 일이 불가능하지는 않다 하더라고

22) 아리스토텔레스 《형이상학》.
23) 《노자》《동양의 성스러운 책들》 F. 맥스 뮬러 편 39권. F. Max Mueller, (ed.), The Sacred Books of the East.

매우 어려운 일이다. 왜냐하면 그 문화에 있어 이러한 체험은 무의미하기 때문이다. 그 좋은 예는 프로이트의 양가성의 개념인데, 그 개념은 같은 사람을 동시에 사랑하고 또 미워하는 체험을 의미한다. 모순적 논리의 관점에서는 완전히 '논리적'인 이 체험도 형식 논리의 입장에서 보면 무의미하다. 그 결과 거의 모든 사람에게 있어 양가성의 느낌을 자각하는 일은 극히 곤란한 일로 되어 있다, 사랑을 자각하면 미움이 자각되지 않으므로, 이 두 개의 상반하는 느낌을 동시에 동일 인물에게 돌리는 것은 전혀 무의미한 일이 된다.24)

언어와 논리는 일정한 체험을 자각하는 일을 곤란케 하고 불가능하게 하는 사회적 필터의 일부분인데, 이 필터에는 가장 중요한 제3의 역할이 있다. 이 역할은 어떤 종류의 감정이 의식에 도달하는 것을 허용치 않으며, 설사 도달하더라도 이 영역으로부터 배제해 버리는 경향이 있다. 이 필터는 사회적 터부에 의해 형성되며, 일정한 이념이나 감정을 부당하고 금지된 위험한 것으로 간주되며, 의식의 수준에 도달하는 일조차 방지하려 한다.

이 문제에 대해서는 먼저 원시적 종족의 예를 들어 보는 게 좋으리라 생각한다. 이를테면 다른 종족을 죽이거나 강탈함으로써 생계를 유지하는 종족의 예를 들면, 죽이거나 약탈하는 일에 충격을 느끼는 사람이 있을지도 모른다. 그러나 그 사람이, 전종족원과 서로 용납이 되지 않는 이런 감정이 있는 것을 자각하리라고는 생각되지 않는다. 이러한 모순된 감정을 자각하면 완전히 고립되고 추방당할 위험성이 있다. 그 때문에 이러한 정신적 충격을 체험한 사람은, 이 감정을 자각하는 대신에 구토 등의 신체 증상을 나타낼 것이다. 또 평화로운 농경 종족의 일원이 도망하여 다른 종족원을 죽이고 약탈하고 싶은 충동을

24) 상세한 것은 《사랑한다는 것》을 참조하기 바란다. E. Fromm, The art of Loving.

갖는다는, 전혀 반대의 경우가 있을 수 있다. 이 경우도 아마 그 충동은 자각되지 않고, 그 대신 격렬한 공포와 같은 증상을 낳게 된다.

우리의 문명에서 또 하나의 예를 들어보자. 대도시의 점주 중에는, 이를테면 양복이 몹시 탐나지만 제일 싼 것을 살 돈조차도 갖고 있지 않은 손님을 만났을 수 있을 것이다. 이러한 점주(특히 부유한 사람) 중에서 그 손님이 지불할 수 있는 돈만을 받고 양복을 팔려는 자연스럽고 인간적인 충동을 가진 사람도 있을 것임에 틀림없다. 그러나 이런 충동을 자각하는 사람이 몇 명이나 있을까? 나는 거의 없으리라고 생각한다. 대부분의 사람들은 그것을 억압하고, 그 사람들은 거의가 그날 밤에 꿈을 꾸고, 어떤 형태로든 이 억압된 충동을 표현하는 것이다.

또 하나의 예를 들어보자. 근대적 '조직인'이 자신의 생활은 무의미하고, 자신이 하는 일은 지긋지긋하며, 또 자기에게 적합한 일을 하거나 생각할 자유가 거의 없고, 자기는 결코 실현되지 않을 행복의 환영을 쫓을 뿐이라고 느꼈다고 하자. 그러나 만약 그 사람이 이러한 감정을 자각했다고 하면, 정상적인 사회 기능이 중대한 장애를 입을 것임에 틀림없다. 그러므로 이러한 자각은 조직화된 사회에 있어 진정한 위험이 된다. 그리고 그 때문에 이 감정 역시 억압되는 것이다.

또 해마다 새 차를 사는 일을 불합리하다고 느끼는 사람도 있을 것이고, '애착이 가기' 때문에 사용하던 차와 떨어지기가 괴롭다고 느끼는 사람도 있을 것임에 틀림없다. 그러나 이 감정을 자각했다고 하면, 그에 의거하여 행동할 위험성이 생긴다. 그렇게 되면 인정사정없는 소비를 기초로 하는 우리의 경제는 어떻게 될 것인가? 또 많은 사람들이 자연스런 지혜를 갖지 못하고, 그들의 지도자 중에(어떤 방법으로 그 지위까지 올라왔는지는 불문에 붙인다 하더라도) 자기의 직무를 수행할 만한 능력이 없는 사람이 있음을 꿰뚫어 볼 수 없다는 사태가 왜 일어나는 것일까? 만약 이 사실이 약간의 소수자 이외의 사람들에게 의식되었다고 하면, 사회적 결합이나 통일적 행동은 어떻게 돼 버릴 것인가? 이 점에 대한 현상은 안데르센의 《벌거숭이 임금님》이라는 동화와 얼마나 다를까? 임금님이 벌거숭이인 것을 알아챈 사람은 어린 소년뿐이었고, 다른 사람들은 임금님이 훌륭한 옷을 입고 있는 것으로 확신하였던 것이다.

일정한 사회의 비합리성은 그 성원이 자기의 감정이나 관찰을 억압하는 일을 필요로 하는 것이다. 그 사회가 모든 성원을 대표하지 않으면 않을수록 이것이 필요해진다. 그리스의 사회는 모든 백성의 이익을 충족시켜 주는 듯이 꾸며 보이지는 않았다. 아리스토텔레스에 있어서조차 노예는 완전한 인간적 존재가 아니었다. 그러므로 이 점에 대해서는 시민이나 노예나 그다지 억압이 필요가 없었던 셈이다. 그러나 모든 사람들의 복지를 지켜주는 듯이 꾸며 보이는 사회에서는, 그에 실패했을 경우에 문제가 생겨난다.

인류의 역사를 통하여, 두서너 개의 원시적 사회를 제외하면 성찬에 낄 수 있었던 것은 항상 약간의 소수자들뿐이었고, 대다수의 사람들에게는 나머지의 빵부스러기밖에 돌아가지 않았던 것이다. 만약 대부분의 사람들이 자기들은 속았다는 사실을 깊이 자각했다고 하면, 그 원한은 기존 질서를 위기에 빠뜨릴 정도의 것이 될지도 모른다. 그러므로 이러한 생각은 억압되지 않으면 안 되며, 이 억압과정이 잘 되어 가지 않으면 그 사람의 생활과 자유가 위험해진다.

현대의 가장 혁명적인 변화는 온 세계의 사람들이 눈을 뜨고, 품위 있는 물질생활을 하고자 하는 욕망을 자각한 일이며, 또 인간이 이 열망을 충족할 수 있는 기술적 방법을 발견한 사실이다. 서구 세계와 소비에트 연방에서는 이 단계에 도달하기 위한 시간이 비교적 짧을지도 모르지만 아시아・아프리카・남아메리카 등의 비공업 국가들에 있어서는 오랜 기간이 걸릴 것으로 생각된다.

그렇다면 풍부한 공업 국가에서는 이미 거의 억압의 필요가 없어져 버린 셈이 될 것인가? 실제로 이것은 널리 퍼져 있는 환상이지만, 사실과는 전혀 다르다. 이러한 사회 역시 많은 모순과 불합리를 지니고 있는 것이다. 온 세계의 수백만 명의 사람들이 굶주리고 있을 때, 잉여 농산물을 창고에 넣어 두기 위해 수백만 달러가 소비되는 따위의 일이 과연 의미가 있을까? 만약 사용된다면 문명을 파괴해 버릴 무기를 위해, 국가 예산의 절반을 소비하는 따위의 일이 우습지 않을까? 겸허와 공익이라는 크리스트교 도덕을 아이들에게 가르치고, 동시에 성공하기 위해 필요하다 하여 이러한 도덕과 정반대되는 일을 익히도록 하는 것은 의미가 있을까? 과거 두 차례의 세계전쟁을 '자유와 민주주의'를 위해 싸우고, '자유의 적'의 비무장화에 의해 전쟁을 끝내고는, 불과 수년 후에는 '자유와 민주주의'를 위해 재군비를 하고, 또 과거의 자유의 적은 바야흐로 자유의 옹호자가 되며, 과거의 동료 국가는 적이 되는 따위의 일에 무슨 의미가 있을까? 언론과 정치행동의 자유를 허용하지 않는 체계에 대해 커다란 분노를 나타내면서도 군사적으로 한편이라는 이유만으로, 똑같은 체계, 아니 훨씬 무자비한 체계를 '자유의 애호자'라고 부르는 일에 무슨 의미가 있을까? 풍요 속에 살면서도 기쁨을 갖지 못하는 일에 무슨 의미가 있을까? 우리가 모두 교육을 받고, 라디오나 텔레비전을 가졌지만, 언제나 싫증을 느끼는 일에 과연 무슨 의미가 있을까? 이런 식으로 서구적 생활양식의 불합리성이나 허위, 모순에 대해 몇 페이지든 쓸 수가 있다. 더욱이 이 모든 불합리성은 받아들여지고, 거의 아무도 그에 주의를 기울이지 않는 것이다. 이러한 사실은 의심할 것도 없이 비판적 능력의 결여에서 오는 것이 아니다. 이와 같은 불합리성과 모순을 우리의 적대자에게는 명료히 인정할 수 있는 것이므로, 서구적 생활양식의 불합리성에 주의를 기울이지 않는 것은, 우리 자신에 대해 합리적이며 비판적인 판단을 내리기를 거절하기 때문일 뿐이다.

사실의 자각을 억압하면 수많은 허구를 받아들임으로써, 이것을 보완하지 않으면 안 된다. 우리를 둘러싸는 것을 보기를 거절했기 때문에 생겨나는 균열을 메우지 않으면 안 되며, 이렇게 함으로써 비로소 시종 일관된 도형이 얻어지는 것이다. 그 때문에 어떤 이데올로기가 우리에게 주어져 있을까? 그것은 너무나 수가 많으므로 두세 가지만 설명해 보기로 한다. 우리는 크리스트 교도이고 개인주의자이며, 그 지도자는 현명하고, 또 우리는 선량하며, 우리의 적은(그때의 적이 누구이든) 사악하고, 부모님은 우리를 사랑하고, 우리는 부모님을 사랑하며, 결혼 제도는 잘 되어 가고 있는 것 따위가 이 종류의 이데올로기의 예이다.

소비에트 연방은 또 한 묶음의 이데올로기를 만들어 내었다. 즉 그들은 마르크스주의자이고, 체계는 사회주의로서 민중의 의지를 나타내며, 그 지도자들은 현명하고 인류를 위해 일하며, 이 사회에서의 이윤추구는 '사회주의자'의 이윤추구이므로 '자본주의자'의 이윤추구와는 다르며, 재산에 대한 존경도 '사회주의자'의 재산이므로 '자본주의자'의 재산에 대한 존경과는 전혀 다른 것이라는 것 따위이다. 사람들은 어릴 때부터 부모, 학교, 교회, 영화, 텔레비전, 신문 등으로부터 이 모든 이데올로기를 주입받았기 때문에, 그것을 스스로 고찰하고 관찰한 것처럼 생각해 버린다. 이러한 과정이 우리와 적대되는 사회에서 행하여지면 그것을 '세뇌'라 부르며, 혹은 그처럼 격렬한 표현을 쓰지 않더라도 '교화'라든지 '프로파간다'라고 부르는데, 우리의 것일 경우에는 '교육'이라든지 '보도'라고 말한다. 자각하거나 세뇌하는 정도가 사회에 따라 다르고, 더욱이 서구 세계가 이 점에서 얼마간 소련의 사회보다 우월하다는 게 진실이라 하더라도 이 차이는, 사실의 억압과 허구를 받아들이는 것으로 이루어져 있다는 기본적인 모습을 바꿀 만큼 큰 것은

아니다.[25)]

왜 사람들은 자각할 수 있었을지도 모르는 것을 억압하는가? 의심할 것도 없이 주요 이유는 공포이다. 그럼 무슨 공포인가? 프로이트에 의하면, 그것은 거세 공포이다. 그러나 이에 충분한 증거가 있다고는 생각되지 않는다. 그럼 죽임을 당하든지, 투옥당하든지, 굶주리는 따위의 공포일까? 이 공포는, 억압이라는 것이 위협과 압제를 사용하는 체계 밑에서만 생겨난다고 하면, 그것은 지극히 당연한 대답처럼 보일지도 모른다. 하지만 사실은 그렇지 않으므로, 여기서 더욱 탐구를 계속해 보고자 한다. 이를테면 우리 자신의 사회와 같은 사회가 만들어 내는 더욱 미묘한 공포가 있다. 여기서 대회사의 젊은 중역이나 기술자를 생각해 보자. 만약 그가 '건전'하지 않은 생각을 가졌다 하더라도 그것을 억압해 버릴 것이며, 그렇지 않으면 다른 사람들처럼 승진할 수 없을지도 모른다. 이렇게 되는 일 자체는 비극이 아닐지도 모르지만, 아내나 친구가 보기에는 그가 경쟁에서 지는 일이 '실패자'임을 의미한다. 이와 같이 실패자가 되는 일에 대한 공포는 충분히 억압의 원인이 될 수 있는 것이다.

그러나 이 밖에도 더욱 강력한 억압의 동기가 있다고 나는 믿는다. 그것은 '고립과 추방'의 공포이다.

인간에게 있어서는 그가 인간인 한, 즉 자연을 초월하고, 자기와 그의 죽음을 자각하는 한, 완전한 고립이나 분리의 감각은 거의 광기의 감각에 가까운 것이 된다. 동물로서의 인간이 죽음을 두려워하듯이 인간으로서의 인간은 광기를 두려워한다. 인간이 정기로 있기 위해서는 관련을 갖고 타자와의 합일을 발견하지 않으면 안 된다. 타자와 하나가 되고 싶다는 이 욕구는 성이나 생명에의 욕망 이상으로 강한 정열

25) 윌리엄 J. 레더러는 《양의 국가》 중에서, 정치적 사상에 대한 이런 종류 사건의 좋은 예를 들었다. William J. Lederer, A Nation of Sheep.

인 것이다. 터부의 자각을 억압하는 것은 '거세 공포' 때문이기보다는 오히려 고립과 추방의 공포 때문이다.

왜냐하면 이것을 자각하면 비정상적인 존재가 되고, 분리되며 추방당한 존재가 되기 때문이다. 그러므로 개인은 자신의 눈으로 보아 잘못된 것으로 생각되더라도, 그의 소속 집단이 존재하지 않는다고 주장하는 것에는 눈을 감고, 대다수의 사람들이 옳다고 말하는 것은 진실인 것으로 받아들이지 않으면 안 된다. 집단은 개인에 있어 본질적인 중요성이 있으므로, 그 집단의 사고방식이나 신념이나 느낌이 그 개인에 있어서는 현실이 되며, 그 때문에 스스로 느끼고 이성으로써 생각하는 일에 우선한다. 최면적 분리 상태에서 서술자의 목소리나 말이 현실이 되듯이, 대부분의 사람들에 있어서는 사회의 패턴이 현실을 형성한다. 그러므로 인간이 진실하다든지 현실적이라든지 정기라고 생각하는 일은, 사회에 의해 받아들여진 틀에 박힌 문구에 지나지 않는 것이다. 이 틀에 박힌 문구에 맞지 않는 것은 의식에서 제외되어 무의식이 된다. 인간이 음으로 양으로 추방의 공포에 직면할 때에, 믿어지지 않고 억압되지 않는 것은 거의 아무것도 없다고 해도 좋을 것이다.

앞에서 말한 사람의 동일성 상실의 공포로 되돌아가 생각하면, 대부분의 인간에게 있어 그 동일성은 사회의 틀에 박힌 문구를 확인함으로써 생기는 것임을 알 수 있다. '그 사람들'이란 그렇게 있어야 할 사람들이다. 즉 추방에 대한 공포는 동일성 상실에 대한 공포도 의미하며, 더욱이 이 두 가지의 공포를 합친 것이야말로 가장 강한 효과가 있다.

억압의 원인이 되는 추방의 개념을 생각하면, 모든 사회는 어떤 방법으로든 인간성을 빼앗고 인간을 기형화한다는 절망적인 관점에 서지 않을 수 없다. 왜냐하면 모든 사회가 항상 인간을 추방에 의해 위협할 수 있기 때문이다. 그러나 이렇게 생각해 버리면 또 하나의 사실을 간과하게 된다. 그것은 인간이 단지 사회의 성원일 뿐만 아니라 인류의 일원이기도 하다는 점이다. 즉 인간은 그 사회 집단으로부터 완전히 고립되는 일을 두려워하지만, 동시에 자신의 내부에 있고 그의 의식과 이성에 의해 대표되는 인간성으로부터 고립된 존재가 되는 것도 두려워할 것이다. 비록 사회 전체가 비인간적인 행동 기준을 택하였다 하더라도 완전히 비인간적으로 되는 것은 무서운 일이다. 사회가 인간적일수록 개인이 사회로부터의 고립화냐, 인간성으로부터의 고립화냐를 선택할 필요성이 적어진다. 사회의 목표와 인간성의 목표 사이의 갈등이 크면 클수록, 개인은 이 위험한 대립 사이에서 번민하게 된다. 그 사람이 자기의 예지와 정신을 발전시켜 인간성과의 결속을 심화시킬수록 사회적 추방에 견딜 수 있게 되며, 그 역도 또한 진실이다. 자기의 양심에 따라 행동하는 능력은, 그 사람이 어느 정도 자신이 속한 사회의 한계를 초월하여 세계 시민이 될 수 있는가에 달려 있다고 말할 수 있다.

일반 사람들은 자기의 문화형에 맞지 않는 사고나 감정을 자각할 수 없으며, 그 때문에 이것을 억압하게 된다. 공식적으로 말하면, 무엇이 무의식이 되고 무엇이 의식이 되는가는 사회의 구조와 그것이 낳는 감정과 사고의 패턴에 의해 결정되는 것이다. 그러므로 무의식의 내용에 대한 법칙은 없다. 그러나 다만 한 가지 말할 수 있는 것은, 무의식의 내용은 선악에 대한 모든 가능성을 가진 인간의 전부를 항상 대표하며, 주어진 문제에 대한 온갖 해답의 바탕이 된다는 점이다. 동물적 존재로 되돌아간 듯한 가장 퇴화된 문화의 경우를 생각해 보면, 동물적 욕망은 우세해져 의식화되지만, 이 수준을 넘어서는 모든 노력은 억압된다. 퇴화한 데서부터 정신적이고 진보적인 목표에 도달한 문화에서는 암흑의 힘은 무의식이 된다.

그러나 어느 문화에서든 인간은 자신 속에 모든 가능성을 지니고 있다. 즉 인간은 원초적 인간이고 맹수이며, 식인종이고 우상숭배자인 동시에, 이성과 사랑과 정의를 가진 존재인 것이다. 그러므로 무의식의 내용은 선한 것도 악한 것도, 합리적인 것도 불합리한 것도 아니고, 그 쌍방을 겸한 것이며, 그것들은 모두 인간적인 것이다. 무의식은 인간 전체로부터 그 사회에 적합한 부분을 제거한 것이다. 의식은 사회적 인간, 즉 개인이 우연히 내던져져 있는 역사적 조건에 의한 제한 속에 있다. 무의식은 우주 속에서 나타난 보편적 인간, 인간 전체를 나타내며, 인간 속에 있는 식물, 동물, 정신을 나타내며 인간의 과거, 즉 인간적 존재의 새벽을 나타내며, 더욱이 인간이 충분한 인간성을 획득하여 자연이 '인간적'으로 되고, 인간이 '자연과의 조화를 회복하게' 될 날에 이르는 인간의 미래를 나타낸다.

그러므로 무의식을 자각하는 일은 완전한 인간성을 획득하는 동시에, 사회가 인간 사이에 구축했기 때문에 생겨난, 사람과 그 동포 사이의 장벽을 제거하는 것을 의미한다. 이 목표를 완전히 달성하는 것은 어려운 일이며, 거의 불가능할지도 모르지만, 누구나 이에 접근할 수는 있다. 더욱이 그렇게 함으로써 인간은 사회적 조건 때문에 생겨나는, 자기 자신과 인류로부터의 소외 상태에서 스스로를 해방할 수 있는 것이다. 국가주의와 외국인 혐오는 인간적인 체험과 대극을 이루는 것인데, 무의식을 의식화하면 이것을 바꿀 수도 있는 것이다.

사회적 무의식을 자각함에 있어 어떤 요소가 어느 정도의 영향을 미칠까? 우선 첫째로, 일정한 개인적 체험이 그 차이를 만들어 내는 것은 명백하다. 권위주의적인 아버지의 아들로서, 아버지의 권위에 지지 않고 반항하던 사람은, 사회적 합리화를 꿰뚫어 보고 거의 무의식화되어 있는 사회적 현실을 자각하는 일이 용이하리라고 생각된다. 이와 마찬가지로 종족적 · 종교적 · 사회적 소수자에 속하여 대부분의 사람들로부터 차별받던 사람들은, 사회적인 상투 문구에 의문을 품기 쉬울 것이다. 이것은 또한 착취당하며 괴로워하는 계급의 성원에도 해당된다.

그러나 이러한 계급 조건이 반드시 개인을 비판적·독립적으로 만든다고는 할 수 없다. 흔히 그 사회적 지위 때문에 불안해져서, 받아들여지고 또 안전을 얻기 위해 다수자들의 틀에 박힌 문구를 받아들이려고 초조해하는 사람이 있다. 소수자나 착취당하는 다수자 중의 어떤 사람이 왜 큰 비판력을 갖게 되고, 그 밖의 사람들은 왜 지배적 사고 형식을 따르게 되는가를 결정하는 개인적·사회적 요인을 세밀히 분석할 필요가 있다.

이러한 요인 외에도 사회적 현실의 자각에 대한 커다란 저항이 되는 순사회적 요인이 있다. 그 사회나 사회계급이 객관적으로 보아 개선될 수 있는 희망이 없고, 이에 대한 통찰을 이용할 기회가 없을 경우에는 그 사회의 성원은 허구에만 매달린다. 왜냐하면 진실을 자각해도 비탄에 빠지는 수밖에 없기 때문이다. 쇠퇴해 가는 사회계급은 가장 강하게 그 허구에 매달린다. 왜냐하면 진실에 의해 얻어지는 것은 아무것도 없기 때문이다.

그와는 반대로 보다 나은 미래를 갖는 사회나 사회계급에는, 용이하게 현실을 자각할 수 있는 조건이 갖추어져 있다. 또 이 자각 전체가, 구해야 할 변화를 조장하는 수도 있다. 그 좋은 예가 19세기의 부르주아계급이다. 그들은 귀족계급으로부터 정치적 지배권을 쟁취하기 훨씬 이전에, 이미 과거의 허구의 대부분을 버리고, 과거와 현재의 사회적 현실에 대한 새로운 통찰을 발전시켰다. 중산계급의 저작자는 봉건주의의 허구를 타파할 수가 있었다. 왜냐하면 그들은 이 허구를 필요로 하지 않을 뿐만 아니라, 사실에 의해 도움을 얻을 수가 있었기 때문이다.

부르주아계급이 완전히 안전·견고해지고, 노동계급이나 후에는 식민지의 사람들의 공격에 대항하여 싸우게 되자, 상황은 정반대가 되었다. 중산계급의 성원은 사회적 현실을 보기를 거부하고, 전진하는 새로운 계급의 성원에게는 환상의 대부분이 쓸모없게 되었다. 그러나 자유를 위해 싸우는 집단을 지지하는 통찰력을 지닌 사람들이, 적대되는 계급에서 나타나는 수가 있다. 이러한 사람의 경우는, 자신이 속하는 사회 집단에 대해 비판적으로 되고, 자기가 속하지 않은 집단 쪽에 그 사람을 붙게 만드는 개인적 요인을 살펴볼 필요가 있다.

사회적 및 개인적 무의식은 서로 관련되어 있으며, 항상 교호 작용을 하고 있다. 사실 무의식과 의식의 구별은, 지금 행한 분석에서는 불가분한 것으로 보인다. 문제가 되는 것은 억압된 내용이 아니라, 마음의 상태, 더 정확히 말하면 어느 정도 개인이 각성하고 현실주의자가 되어 있느냐 하는 것이다. 일정한 사회에서 어떤 사람이, 사회적 현실을 보지 않고 허구로써 그의 마음을 채운다면, 자기 자신이나 가족이나 친구에 대한 개인적 현실을 보는 능력도 제한을 받게 된다. 그 사람은 모든 측면으로부터의 시사를 받아들일 수 있는 반각성 상태에 있으며, 허구가 가리키는 것이 진실이라고 믿어 버리기에 이른다(사회적 억압이 특히 강한 영역에서, 그 이적 생활에서의 현실의 자각을 두드러지게 억압하는 경향이 있는 사람이 있음은 당연하다. 이를테면 권위에 대한 복종을 기르고, 자각과 비판을 억압하는 사회에서는, 개인은 그의 아버지를 외경하는 경향이 강하지만, 권위에 대한 비판이 사회적 억압의 본질적 부분과는 관계가 없는 사회에서는 그다지 강하지 않다).

프로이트는 주로 개인적 무의식을 발견하는 일에 관심이 있었다. 그는 사회가 억압을 강화한다고 생각했는데, 이것은 본능적인 힘의 억압이지 사회적 억압이 아니었다. 그러나 진정으로 중요한 것은 사회적 모순이나, 사회에 의해 만들어진 고뇌나, 권위자의 실패나, 불안이나 불만감 등의 자각을 억압하는 일이다. 프로이트파의 분석은 사회적 무의식은 다루지 않고, 개인의 무의식을 의식화하는 일이 어느 정도 가능함을 보여 준다.

그러나 지금까지 설명해 온 사실에서 생각하면, 사회적 측면을 제외한 재억압의 시도는 모두 한계를 갖게 된다. 억압된 것을 충분히 자각하기 위해서는 개인의 영역을 초월하여 반드시 사회적 무의식을 분석할 필요가 있다. 이 명제는 지금까지 설명해 온 것을 근거로 삼고 있다. 자신이 속하는 사회를 초월하여, 사회가 인간의 가능성의 발전을 조장하며 방해하는 것을 꿰뚫어 보지 않으면, 자기 자신의 인간성에 충분히 접하는 일은 불가능하다. 사회적 조건에 의한 터부나 제한은 그 성원에 있어서는 '자연'스레 보일 것임에 틀림없고, 또 사회에 의한 인간성의 왜곡을 인식하지 않는 한, 인간성을 일그러진 형태로 받아들이는 수밖에 없다. 무의식의 발견이 그 사람 자신의 인간성을 체험하는 일을 의미한다면, 그것은 개인의 단계에만 머무를 수 없고, 사회적 무의식의 발견에 이르지 않으면 안 될 것이다. 이것은 보편적 인간의 가치라는 관점에서 자기가 소속하는 사회의 역동을 이해하거나 그 사회를 비판적으로 평가하는 일이 필요함을 의미한다.

마르크스가 우리에게 부여한 사회에 대한 통찰이야말로 사회적 무의식을 자각하고 개인이 충분히 자각하는 '재억압' 조건이 되는 것이다. '이드가 있는 곳에 자아가 있을 것'이라면, 인도적인 사회 비판의 존재는 사회에 있어 필수적인 전제 조건이 될 것이다. 이것이 없으면 사람은 개인적 무의식의 일정한 측면을 자각할 수 있을 뿐이고, 전인간으로서 각성하는 일은 거의 불가능해진다. 여기서 덧붙여 두지 않으면 안 될 것은, 사회에 대한 비판적 이해가 개인의 분석적 이해에 있어 중요할 뿐만 아니라, 개인의 무의식을 분석적으로 이해하는 일 또한 사회를 이해하는 데 중요한 기능이 있다는 점이다.

개인의 사적 생활에서의 무의식적 측면을 체험할 수 있어야만 비로소 이데올로기에 의해 규정되는 사회적 생활을 어떻게 하면 충분히 평가할 수 있는지를 알 수 있다. 이데올로기 자체는 진실도 거짓도 아니다. 바꾸어 말하면, 진실일 수도 있고 거짓일 수도 있다. 즉 사람들이 마음으로부터 이데올로기를 믿는다는 의미에서 그것은 진실이고, 사회적·정치적 행위의 진정한 동기를 은폐하는 기능을 가진 합리화라는 의미에서 그것은 거짓인 것이다.

개인의 무의식과 사회적 무의식은 서로 작용을 하고 있다. 그런데 프로이트와 마르크스의 억압 개념을 사회의 진화와 관련시켜 보면 기본적인 모순이 있음을 알게 된다. 앞에서도 언급하였듯이 프로이트에게 있어 문명의 진보는 억압의 증가를 의미하며, 사회의 진화는 억압의 해소를 가져오는 게 아니라 그것을 강화하는 것이었다. 한편 마르크스에게 있어서는, 억압은 본질적으로 인간의 완전한 발전에 대한 욕구와 일정한 사회 구조 사이에서 생겨나는 모순의 결과이므로, 충분히 발전되고 착취와 계급 갈등이 사라져 버린 사회에서는 이데올로기를 필요로 하지 않으며, 억압도 제거될 수 있는 것이다. 즉 충분히 인도적으로 된 사회에서는 억압이 필요 없게 되므로 사회적 무의식도 없어지는 것이다. 프로이트에 의하면 사회의 진화과정에서 억압이 증가하고, 마르크스에 의하면 억압이 감소되는 것이다.

여기서 프로이트파와 마르크스파의 사상의 차이 중, 충분히 주의가 기울여지지 않았던 점에 대해 설명해 보기로 한다.

'합리화'와 '이데올로기'의 유사성에 대해서는 이미 논했지만, 여기서 그 차이를 지적할 필요가 있으리라고 생각된다. 합리화에 의해 사람은 그의 행위가 합리적·도덕적 동기에 의하는 것이라고 꾸며 보이려 하고, 그 동기가 그 사람의 의식적 사고와는 전혀 반대되는 것이라는 사실을 감추려 한다. 합리화란 대부분의 경우, 속임수를 불합리하며 부도덕한 일을 하고 있음을 자각하지 않고, 그 사람에게 그릇된 행위를 허용한다는 소극적인 기능을 갖고 있는 것에 지나지 않는다.

이데올로기도 같은 기능이 있지만, 한 가지의 점에서 근본적으로 다르다. 크리스트교의 가르침을 예로 들어보자. 크리스트교의 가르침, 즉 겸허함, 형제애, 정의, 자선 등의 이상은 이전에는 진정한 이상이었으며, 사람들의 마음을 움직이고, 이 이상을 위해서는 기꺼이 그의 목숨을 희생시켰던 것이다. 그러나 역사가 흐름에 따라 이 이상이 오용되어 전혀 반대되는 목적을 합리화하는 일에 봉사하게 되었다. 이상 그 자체의 이름에 의해 독립적이고 반역적인 정신의 소유주는 죽임을 당하고, 농부는 착취당하고 압박당했으며, 전쟁은 찬미되고, 적에의 증오가 찬양된 것이다. 이 경우 이데올로기는 합리화와 같은 것이다.

그러나 역사가 가리키는 바에 의하면, 이데올로기는 또한 그 자신의 성명도 지니고 있다. 그리스도의 말은 오용되었다 하더라도, 그것은 사라지지 않고 사람들의 기억 속에 남아서 기회 있을 때마다 진지하게 검토되고, 이데올로기로부터 이상으로 변모한다. 이것은 종교 개혁 이후의 신교파에서도 볼 수 있었고, 또 크리스트교의 이상을 지킨다고 말하면서 이것을 이데올로기로 이용하는 세계 속에서 평화를 지키고 증오에 대항하는 오늘날의 신·구교의 소수파 사람들에게서도 볼 수 있는 것이다. 같은 말을 불교도의 이념, 헤겔의 철학, 마르크스 사상의 '이데올로기화'에 대해서도 말할 수 있다. 즉 비판의 임무는 이상을 쓰러뜨리는 일이 아니라, 이상이 이데올로기로 변모함을 가리키고, 배반당한 이상의 이름을 사용하는 이데올로기에 도전하는 일이다.

10. 양 학설의 숙명

역사의 과정에서 이념이 이데올로기로 전화하는 것은 예외라기보다는 법칙이다. 그렇게 되면, 언어에 지나지 않는 것이 인간의 현실 속에 자리를 차지하게 된다. 이러한 언어는 관료주의에 의해 이용되고 사람들을 지배하며, 힘과 영향력을 얻는다. 그리고 보통, 결과적으로는 이데올로기가 되어 원래의 이념에서 온 말은 그대로인 채 실제로는 반대의 의미를 표현하게 된다. 이 숙명은 위대한 종교나 철학 이념에도 생겨났던 것이며, 마르크스나 프로이트의 이념도 이것을 피할 수 없었다.

프로이트의 본래의 체계는 무엇이었던가? 우선 먼저 그것은 급진적 사상이었다. 급진적이라는 말의 본래의 어의는 근원으로 향한다는 뜻이다. 그리고 마르크스가 말한 것처럼 근원이란 인간이므로, 인간의 본성과 본질 자체로 향하는 셈이 된다. 또한 프로이트의 정신분석은 비판적 사상이었다. 즉 그것은 무엇보다도 먼저 정신의학적 기본적 논거로서 의식을 채용하고 있던 종래의 정신의학적 이념에 대한 비판이었다. 더욱이 그것은 더욱 넓은 의미에서도 비판적인 것이었다고 할 수가 있다. 프로이트의 사상은 빅토리아 왕조 시대의 여러 가지 가치나 이데올로기에 공격을 퍼부었다. 즉 성이 합리적이고 과학적인 연구의 대상이 될 수 없었다는 생각이나, 빅토리아조 시대의 도덕의 불성실성,

어린아이의 '순수함'이나 '천진스러움'에 대한 감상적 개념 등에 공격을 퍼부은 것이다. 더욱이 앞에서도 지적했듯이 그 공격 중 가장 중요한 것은, 의식을 초월하는 심적 내용은 존재하지 않는다는 개념에 대한 것이었다. 즉 프로이트의 체계는 종래의 이념이나 편견에 대한 도전이며, 자연과학이나 예술에 있어서의 새로운 발전에 대응하여 새로운 사상의 분야를 여는 것이었다. 이런 의미에서 그의 학설은 혁명적 운동이라 부를 수가 있을 것이다. 그러나 사회의 몇 개의 측면에 대한 비판은 있었다 하더라도, 프로이트는 종래의 사회 계층을 초월하려고는 하지 않았으며, 새로운 사회나 정치의 가능성을 생각하지도 않았다.

처음 만들어진 이래로 30년을 지나, 이 급진적이고 비판적인 운동은 어떻게 되었는가?

우선 첫째로, 정신분석은 제1차 세계대전의 종결까지는 '진지한' 정신의학자나 일반 대중으로부터 무시당하고 조롱을 받았는데, 그 후 특히 서구의 신교국과 미합중국에서 굉장한 성공을 거두기에 이르렀다. 여기서 정신분석이 굉장한 성공을 이룩한 몇 가지의 이유에 대해 생각해 보자. 창성 이래로 20년간에 걸쳐 조롱을 받아 온 이 운동이, 정신의학자나 많은 사회과학자들에게 받아들여지고, 또 이를테면 토마스 만과 같은 훌륭한 사람들을 포함한 많은 문학가들에 의해 친숙해지게 되었다는 사실이 있다. 그러나 이러한 학술적·지적 인식이 전부였던 것은 아니다. 정신분석은 대중에 친숙해지고, 이것을 찾는 모든 환자들을 받아들이기가 어려워졌으며, 사실 정신분석이라는 전문적 직업은 경제적 관점이나 사회적 특권으로 보아, 가장 보답받는 것이 많은 것 중의 하나가 되었다.

그러나 이런 의미에서 성공적으로 발전한 것은, 결코 그 학설이나 치유의 면에서 본 정신분석적 발견이 그에 상응한 풍부함과 생산성이 있었음을 의미하는 것이 아니다. 사실 정신분석의 성공 자체가 퇴보를 가져온 것이 아닌가하고 생각되는 대목이 있다. 정신분석은 전체적으로 그 본래의 급진성이나 비판적·도전적 성격을 잃었다. 20세기 초에, 프로이트의 학설은 그 모든 것이 옳지는 않았다 하더라도 종래의 사회적 관습이나 사상에 도전하였다. 즉 이 학설은 필연적으로 비판적 정신을 가진 사람들을 매혹하고, 서구 사회의 지적·정치적·예술적 생활의 다른 분야에도 존재한 비판적 운동의 일익을 담당하는 것이었다. 그러나 1930년이 되어, 사회적 관습이 변화했다(그것은 어느 정도 정신분석의 영향에 의하는 것이지만, 그러나 주로 소비자 사회의 발전 때문이었다. 이 사회에서는 모든 분야에서의 소비가 장려되고, 여러 가지 욕구불만을 없애려는 것이다).

성은 이미 터부가 아니었다. 그리고 근친상간적 욕망이나 변태성욕을 자유로이 얘기하는 일은 이미 도시 중산계급에 충격을 주지 않게 된 것이다. 그것은 1910년경의 '조심성 있는' 일반 사람들에게는 생각할 용기조차 나오지 않는 것이었다. 이 모든 문제들은 터부로서의 본질을 잃고, 최신의 것이긴 하지만 특히 흥분할 만한 것이 못 되는, '과학'에 의한 결과로서 받아들여졌다.

몇 가지 점에서 정신분석은 사회에 도전하는 대신 그에 순응했다. 그것은 프로이트 '환상의 미래'나 '문명에 있는 불쾌' 이래로, 소수의 예외를 제외하고는 사회적 비판을 낳지 않았다는 표면적인 의미뿐만이 아니었다. 그와 반대로 대다수의 분석의는 도시의 중산계급의 태도를 대표하게까지 되었으며, 이 태도에서 벗어난 사람들을 신경증적이라고 생각하게 된 것이다.

도시 중산계급의 관습을 넘어 정치나 철학·종교 등에 진지한 흥미를 나타낸 분석의는 거의 없었다. 이런 사실이야말로 다른 방향으로부터 정신분석의 퇴화를 나타내는 것이다. 즉 급진적 운동이었던 정신분석은 정치적·종교적 급진주의의 대용품이 된 것이다. 그 지지자는 어떤 이유로 정치적·종교적 문제에 진지한 관심을 나타내지 못하고, 이것이 과거의 세대에 대해 갖고 있던 의의를 모르는 채로 생활하는 사람들이었다. 인생에 의미를 부여하기 위해서는 어떤 철학이 필요한데, 이 계급에 있어 정신분석은 알맞고 편리한 것이었다. 그것은 모든 것을 포용하는 인생의 철학처럼 생각되었다(프로이트는 이러한 의도를 분명히 부정하였음에도 불구하고). 정신분석을 받은 사람들 중에는 오이디푸스 콤플렉스나 거세공포 등의 개념에 의한 인생의 모든 수수께끼를 해명할 수 있었다고 믿는 사람들이 있다. 즉 온 세계가 정신분석을 받거나, 적어도 지도자들만이라도 이것을 받으면, 해결해야 할 중대한 정치적 문제는 하나도 남지 않는다고 믿는다.

할아버지의 세대보다도 더욱 고립되고 고독한 근대적 개인은 정신분석에서 해결을 발견했다. 우선 첫째로, 그는 신비로운 종교의 일원, 즉 분석의 세례를 받고 '비법을 전수' 받은 사람 중의 일원이며, 바야흐로 이 신앙의 일부로서 알 만한 값어치가 있는 모든 비밀을 알고 있다. 게다가 공감하며 귀를 기울이고, 자신을 책망하지 않는 사람이 있다는 만족감이 있는 것이다. 이 요소는 거의 남의 말에 귀를 기울이는 일이 없는 사회에서는 특히 중요하다. 사람들은 서로 얘기할 때, 남의 말을 표면적·의례적으로 '듣는' 수는 있어도 서로 귀를 기울이는 일은 없다. 게다가 분석의의 중요성은 피분석자에 의해 과장된다. 이리하여 분석의는 영웅이 되고, 인생에 있어서의 그의 원조는 종교계에서의 승려나, 어떤 종류의 정치체계에서 대소총통의 역할처럼 중요해진다. 더욱이 성인의 정신발달 기초로서 유년 시절의 체험이 강조되는 정신분석에 의해, 책임감이 경감되었다고 믿는 사람도 있다. 그들에게 있어, 해야 할 일은 유년 시절의 외상을 생각해 낼 때까지 얘기를 계속하는 일뿐이며, 그렇게 하기만 하면 당연히 행복이 찾아오는 셈이다. 이와 같이 '얘기함으로써 행복을 얻는다'고 믿는 사람들 중에는, 인생에서는 노력하지 않고는 아무것도 얻을 수 없다는 것, 또 위험을 무릅쓸 용기나 고뇌가 필요한 일이 많다는 사실을 잊은 사람이 있다. 분석의에게 돈을 치르고, 의자 위에서 일주일에 다섯 시간씩 얘기하며, 저항이 생겼을 때에 불안을 느끼는 일이, 흔히 노력이나 진정한 용기와 같은 뜻으로 생각된다. 그러나 그것이 전혀 틀린 일은 아니라 하더라도, 좀 불충분한 비교・대조라고 하지 않으면 안 될 것이다. 이것은 상위 중산계급의 경우에 특히 진실성을 갖는다. 왜냐하면 그들에게 있어서는 돈이나 시간은 그다지 심각한 희생이 아니기 때문이다.

환자는 무엇을 바라고 있는가. 심인성 두통이나 강박적인 세수 등의 심각한 증상이 있거나, 성적 무능 때문에 괴로워하는 사람은 그 증상의 치유를 바란다. 이러한 일이 프로이트에게 분석을 요구한 대부분의 환자들의 동기로 되어 있었던 것이다. 보통 이러한 증상을 분석적으로 치유하는 일은 그다지 어렵지 않다. 적어도 이러한 증상을 가진 환자의 5할은 치유할 수 있다. 그러나 최근 20년 동안에 분석의를 방문한 환자의 대부분은 이러한 증상이 없다. 즉 전통적인 의미에서의 '증상' 때문에 괴로워하고 있는 것이 아니라, 프랑스인이 1세기 전에 '세기병'이라고 부르던 것 때문에 괴로워하는 사람들이 오는 것이다. 그들은 일반적인 불행, 즉 일에 만족할 수 없다든지, 결혼 생활이 행복하지 않다든지—성서의 표현을 빌면 "풍요 속에서 기쁨을 잃는다"는 사실 때문에 괴로워하는 것이다. 이 새로운 형의 환자는 정신분석 처리에 일시적인 휴식 이외의 아무것도 구하지 않는 경우가 있다. 그리고 그것이 이루어지지 않더라도 다른 것을 구하려고는 하지 않는다. 그것은 누구하고 얘기할 수 있다는 만족감이고, 하나의 신앙에 '속하며', '철학'을 갖는다는 만족인 것이다. 치유의 목적도 '현실'이라 불리는 일이 많은 현재의 환경에 보다 잘 적응하는 일에 있는 경우가 많으며, 정신 위생은 적응 자체라고 생각되는 경우가 많다. 즉 바꾸어 말하면 개인적 불행이 일반적 불행의 수준으로 환원되었을 경우의 마음의 상태를 의미하는 셈이 된다. 진정한 문제는 인간의 고독과 소외에 있으며, 인생에서의 창조적 흥미의 상실에 있는데, 이런 형의 정신분석은 그에 접할 수조차 없는 것이다.

대부분의 현대 정신분석학이 목적으로 삼는 '적응'에 대해 얘기하면, 적어도 현대 산업사회에 있어 심리학이 당면한 기능의 문제를 다루지 않을 수 없다. 이 사회는 복잡한 계층의 생산조직 중에서 되도록 알력을 일으키지 않는 인간을 필요로 한다. 이 때문에, 양심이나 신념도 없고, 거대하고 당당한 조직 속에서 작은 대로 그 톱니바퀴가 되는 일에 자랑을 느끼는 조직적 인간을 만들어 내는 것이다. 이러한 사람은 의문을 품지도 않고 비판적 사고도 갖지 않으며, 정열적 흥미도 나타내지 않는데, 그 까닭은 이런 일들이 조직의 원활한 기능을 방해하기 때문이다. 그러나 인간은 물건이 아니며, 의문을 품는 일을 피하도록 만들어진 것도 아니다. 그러므로 '일이 보증'되고, '노년 연금'이 있고, '전국적으로 유명한' 단체에 속해 있어도 그 사람은 초조하여 행복하다고는 느끼지 않는다. 그래서 심리학자가 등장한다. 이 조직 속에서는 이미 심리검사를 거쳐 매우 모험적이고 반역적인 형의 인간은 제거되어 있는데, 그래도 남아 있는 행복을 느낄 수 없는 사람들에게는 '표현'하게 하여, 누군가가 들어준다는 만족감에 의한 위로를 부여하는 것이다. 그리고 마지막으로—가장 중요한 일인데—적응하지 못하는 것은 일종의 신경증임을 밝혀 줌으로써, 그러한 경향을 제거하는 일을 돕고, 완전 적응의 길로 나가게 하려 한다. 즉 소크라테스로부터 프로이트에 이르기까지의 '적절한' 말들을 이용하여, 심리학자는 산업사회의 승려가 되고, 개인이 완전히 적응한 조직인이 되는 일을 돕고, 그 사회의 목적에 봉사하는 것이다.

여기서 산업사회에 있어서 심리학의 역할이라는 문제로부터, 정신분석학과 그 퇴보라는 개별적 문제로 되돌아가는데, 여기에 또 한 가지 덧붙이고 싶은 것이 있다. 그것은 정신분석 운동의 관료화 그 자체의 문제이다. 프로이트는 자신의 체계 순수성을 유지하려 했기 때문에, 그 태도가 어느 정도 권력주의적이었다고 하는 것은 진실이다. 그러나 여기서 고려하지 않으면 안 될 것은, 그가 여러 방면으로부터의 방대한 저항을 배제하고 매우 독창적인 체계를 만들어 낸 일이다. 이 독창적 체계를 명백한 적으로부터 지키는 일은 오히려 용이했는지도 모르지만, 이것을 사회에 받아들이기 가장 쉬운 것으로 만들려는 유혹에 굴복하던 지지자들로부터 지키는 일은 오히려 어려웠으리라고 생각된다. 이러한 사람들은 의식적으로는 프로이트에게 동의하면서도 실은 그를 배반했기 때문이다. 프로이트는 그 교의의 순수성과 급진성을 유지하려고 몰래 7인 위원회를 만들어, 정신분석학의 발전을 감시하게 했다.

그러나 이 위원회는 곧 지배적 관료주의에 특유한 전형적 양식을 낳았다. 즉 위원 간의 격렬한 질투이다. 존스를 한쪽 편으로 하고, 프렌치・랭크를 상대로 한 말다툼은 널리 알려져 있다. 이때의 대결은 존스가 그의 경쟁자들이 사망한 후에 저술한 프로이트 전기 속에 철저한 표현으로 나타난다. 즉 존스는, 프렌치와 랭크가 죽기 직전에 정신병에 걸렸었다고 기술하고 있지만, 이 주장은 사실과 다르다.[1]

그 운동이 성장함에 따라, 이것을 통어하려는 수많은 새 지도자들에 의해 관료주의도 또한 증대했다. 이렇게 되면 용기가 없어 프로이트의 교설의 어조를 떨어뜨리려 한 사람들을 막을 수 없게 된다. 그와는 반대로, 앞에서 설명한 것처럼 공식적인 정신분석학은 급진적인 성격을 잃고, 그 관료주의의 목적은 급진적인 분석의를 제거하는 쪽으로 기운다. 이데올로기적 통제는 그 운동과 소속원을 통제하는 것을 의미하는

---

1) 이 점에 대한 상세한 논의 E. 프롬, 《S. 프로이트의 사명》; E. Fromm, Sigmund Freuds, Mission(Harper & Brothers)에서 찾아볼 수 있다.

데, 여기서도 같은 일이 생겨난다. 독단적 학설에 완전히는 동의할 수 없었던 고참들은 제외당하거나 은퇴하지 않을 수 없게 되고, 그 밖의 사람들도 관료주의의 공식적 대표가 행한 연설을 "싫증이 난 듯한 얼굴로 들었다"고 말하기만 해도 런던의 권위로부터 비난을 받은 것이다.

정신분석의는(공식적은 아니지만) 최근(1961년)에, 공식 기관에 속해 있지 않은 분석의들의 과학적 회합에서 강연하는 일을 금지 당했다. 이와 같이 정신분석 운동이 관료주의화됨에 따라 과학적 창조성이 상실되어 간 것은 놀라운 일이 아니다. 그 때문에 정신분석학의 새로운 이념 대부분은 관료주의의 기반을 끊고, 그 권력의 외부에서 일을 계속한 분석의들에 의해 발표되었다.

그러면 성립 이래로 백 년 이상을 경과한 마르크스주의 사상의 경우는 어떻게 되었을까? 여기서도 우리는 최초에 행하여진 주장으로부터 출발하지 않으면 안 된다. 그 주장은 본질적으로는 19세기 중엽으로부터 1914년의 세계대전 당초까지의 사이에 행하여진 것이다. 마르크스주의의 학설은 사회주의 운동과 마찬가지로 급진적이고 인도주의적인 것이었다. 즉 앞에서 말한 것처럼 근원으로 향한다는 의미, 즉 인간의 근원으로 향한다는 의미에서 급진적이었으며, 인간은 만물의 척도이므로 그것을 충분히 신장하는 것은 모든 사회적 노력의 목적이며 기준이 되어야 한다는 의미에서 인도주의적이었다. 인간을 경제적 조건이라는 속박으로부터 해방하여 충분히 발전시키는 일이 마르크스의 사상과 노력의 목적이었다. 최초 50~60년간의 사회주의는 학설로서 성립되어 있지 않았지만, 서구 사회의 가장 중대한 급진적 운동이었던 것이다.

그것이 어떻게 되었는가. 사회주의가 성공하여 힘을 얻음에 따라 이 성장과정 자체 속에서 사회주의는 그 적대적인 자본주의의 정신에 굴복했다. 하지만 이러한 발전과정을 밟은 일은 그다지 놀라운 일이 아니다. 왜냐하면 자본주의는 초기의 사회주의자들이 상상할 수 있었던 것 이상의 성공을 거두었기 때문이다. 즉 항상 일하는 사람의 참혹함을 증대시키는 대신에, 자본주의 사회의 기술과 조직의 진보 자체가, 일하는 사람에게 복지를 부여하게 된 것이다. 하긴 이것은 식민지 사람들의 희생으로 이루어졌으며, 또 그 이상으로 사회주의 정당과 노동조합이 사회적 생산물의 배분을 증대시키려고 싸운 일들도 크게 기여하고 있다. 그러나 이들 여러 가지 요소가 그 역할을 다하긴 했지만, 일하는 사람들과 그 지도자는 더욱더 자본주의적 정신에 말려들어, 자본주의자의 원리에 따라 사회주의를 해석하기 시작하는 결과가 되었다.

마르크시즘이 자본주의를 초월한 인도주의자의 사회, 즉 개인의 인격을 충분히 해방하는 일을 지향하고 있을 때, 사회주의자의 대부분은 사회주의를 자본주의의 내부에서 경제적·사회적·정치적 상황을 개선하는 운동으로 간주하였다. 즉 그들은 생산수단의 사회화와 복지국가라는 원리가 사회주의자의 사회의 기준으로서 충분한 것이라고 생각하였다. 이런 종류의 '사회주의'는 본질적으로 자본주의의 원리와 같은 것이다. 즉 그것은 경제 효과를 최대한으로 한 거대한 관료주의적인 조직적 공업이며, 이 관료주의와 효과적인 조직체계 밑에 개인을 종속시키는 것이다.

서구와 동구의 사회주의자의 대부분은 이러한 사회주의의 자본주의적 해석에 있어서는 기본적으로 일치하였지만, 각각의 경제적·정치적 상황 때문에 그 해결법은 달랐다. 서구의 지도자는 1914년의 개전과 함께 자본주의와 휴전하였다. 즉 평화와 국제주의라는 기본적 학설에 충실할 것을 중지하고, 양 진영의 사회주의 지도자들은 각기 자신들의 정부를 지지하고, 그들의 적인 황제와 각각 싸우는 것이므로, 이 자유를 위한 전쟁을 지지한다고 주장했다. 독일 제국이 장기간에 걸쳐 분명히 진 것이나 다름없는 싸움 끝에 괴멸되었을 때, 같은 지도자가 군대와 몰래 동맹을 맺고 혁명을 타도했다. 더욱이 우선 국방군의 성장을 허용하고, 나치스의 힘의 기초가 된 반군대적 조직의 성장을 허용했다. 그 결과 나치와 국가주의적 우익의 힘과 압력이 증대함에 따라 완전히 이에 굴복한 것이다. 프랑스의 사회주의 지도자들도 같은 경로를 밟았다. 즉 기모레가 이끄는 프랑스 사회당은 공공연히 알제리 전쟁을 지지한 것이다.

스칸디나비아의 여러 나라들과 영국에서는 사정이 약간 달랐다. 이 나라들에서는 사회주의자들이 기간의 장단점은 있었지만 의회에서 다수를 획득하여, 그 힘을 복지국가를 만들기 위해 사용했다. 고도로 발달한 사회복지 제도, 그 중에서도 사회 건강 보장 제도가 훌륭히 달성되었는데, 이러한 제도는 19세기의 서구의 보수당, 영국의 디즈레일리와 독일의 비스마르크에 의해 발족되고, 합중국에서는 루스벨트 대통령의 지도로 1930년대에 시작되었던 것이다. 그에 이어 영국 노동당은 기간산업의 일부를 국유화했는데, 그 까닭은 이러한 생산수단의 사회가 진정한 사회주의의 기초가 된다고 믿었기 때문이었다. 하지만 일하는 사람들의 경제적 이해를 만족시키는 동안에, 그들이 말하는 사회주의는 인간의 조건을 기본적으로 변화시킨다는 비전을 잃어버렸다. 더욱이 잇따라 선거에서 패배당하자, 그 패배를 회복하려고 거의 모든 급진적 목표를 단념했다.

독일에서도 똑같은 과정이 진행되어 갔다. 사회민주당은 거의 모든 사회주의자의 목표를 포기했을 뿐만 아니라, 국가주의와 재군비 원리를 받아들였기 때문에, 그 사회민주주의 정책이라는 것은 정적의 정책과 거의 구별할 수 없게 되어 버렸다.

러시아에서는 서구에서의 발전과 외관상으로는 대조적인 사정에 있었음에도 불구하고 몇 가지의 공통점이 있었다. 서구의 여러 나라들과는 달라서, 러시아는 기존의 공업이 고도한 것이었다 하더라도, 충분히 공업화된 나라라고는 할 수 없었다.

즉 인구의 4분의 3은 농부이며, 더구나 대부분은 매우 가난했다. 차르의 측근에 의한 지배는 부패하고 거의 무능해졌으며, 게다가 1914년의 싸움은 러시아인에게 승리를 가져오지 않고 많은 출혈을 강요했다. 케렌스키 등의 지도에 의한 1917년의 최초 혁명은, 주로 이 지도자가 전쟁의 종결을 싫어했기 때문에 실패했다. 그 결과 레닌이 국가 권력을 인수한다는 임무에 직면하게 되었는데, 그때 러시아는 마르크스가 사회주의적 체계를 건설하는데 필요하다고 생각하던 경제조건을 가지고 있지 않았다. 그래서 레닌은 서구, 특히 독일에서의 사회주의적 혁명의 발발에 모든 희망을 걸었다. 그러나 이 희망은 실현되지 않았으며, 볼셰비키 혁명은 불가능한 과제에 직면하게 되어다. 1922~1923년에는 독일 혁명의 희망이 완전 무산되었음이 분명해지고, 더욱이 그때 레닌은 중병에 걸려 1924년에 사망했다. 이리하여 그는 그 결정적 딜레마에서 벗어난 것이다.

스탈린은 마르크스와 레닌의 이름 밑에, 현실적으로는 국가자본주의를 건설하는 일에 몸을 바쳤다. 그는 새로운 관리적 관료주의에 의해, 국가에 의한 산업의 독점조직을 확립하고, 서구 자본주의 밑에서 발전한 것과 똑같은 중앙집권적·관료주의적 공업화의 방법을 서구보다도 완벽한 형태로 급속히 채용했다. 농업 인구에 근대 공업주의에 필요한 훈련을 베풀기 위해, 또 기본적 공업을 건설하기 위한 자본을 급속히 집적하기 위해 필요한 희생을 국민이 받아들이게 하려고, 스탈린은 두 가지 방법을 사용했다. 그 첫째 방법은 힘과 공포였다. 더욱이 그 자신의 미치광이 같은 시기심과 개인적 권력에 대한 끊임없는 욕망 때문에, 그 공포는 위에서 말한 경제적 목적을 위한 필요성을 훨씬 넘어선 것이 되었으며, 사실 여러 가지 의미에서 그 경제적 입장을 약화시켜 버렸다. 스탈린이 사용한 둘째 방법은 자본주의가 이용한 것처럼, 더욱 많이 질이 좋은 일을 하면 수입이 증대한다는 자극이었다. 이 자극은 노동자와 관리자, 농민의 일의 능률을 올리는 데 가장 효과가 있었다. 진보를 위한 가장 효과적인 동기가 되는 것은 '이윤의 추구'라고 확신하는 자본주의의 관리자는 모두 러시아의 체계가 마음에 드는 모양이다. 노동조합에 의해 그 관리 기능에 간섭받는 일을 막으려 할 때는 특히 그렇다.[2)]

스탈린의 죽음에 이르기까지 소련은 소비의 증대에 충분히 응할 수 있는 기초를 만들어 내었으며, 또 국민은 충분히 공업적 훈련을 받았기 때문에, 소련의 체계에 비판적인 의견을 표명하거나 정치활동을 하는 일을 전혀 허용하지 않았던 공포와 경찰 상태의 종결이 가능해졌다. 그 때문에 일반 국민은 비판적 사상을 표명하거나, 또 단지 개인적인 적에 의한 고발 때문에 어느날 아침 갑자기 체포된다는 공포로부터 자유로워질 수 있게 된 것이다.

스탈린의 몰락은 1961년 가을의 공산당 회의에서 완성되고, 동시에 새로운 공산당의 계획이 승인되었는데, 소련에서의 스탈린주의자의 시대로부터 흐루시초프 시대에의 이행에 따라 그 마지막 단계가 완성되었다. 이 시키는 여러 가지 요소에 의해 특징지을 수가 있다. 즉 경제적으로는 완전히 중앙집권적인 국가 자본주의, 즉 현대 산업주의의 독점 원리가 최종적 발전을 이룩하고, 사회적으로는 전 인구의 기본적인 사회적 · 경제적 요구를 고려한 복지국가가 되었는데, 정치적으로는 시민을 임의의 경찰 판단으로부터 지키는 합법주의는 있다 하더라도, 사상과 정치적 활동의 자유를 속박하는 경찰국가가 되고 있다. 시민들은 자신이 할 수 있는 일과 할 수 없는 일을 알고 있으며, 이 한계 내에서 행동하는 한 두려워할 필요는 없다. 문화적 · 심리학적으로 보면, 흐루시초프주의의 체계는 칼빈주의자의 윤리와, 일 · 가족 · 의무 등의

---

2) 이 점에 대해서는 E. 프롬, 《인간의 승리를 찾아서》; E. Fromm, May Man Prevail (Doubleday & Company. inc.) 속에 상세히 기술되어 있다.

조국에 대한 엄격한 도덕성이 나타나 있으며, 마르크스의 이념보다도 베탄이나 새러잘의 이념에 가까운 것이다. 오늘날의 소련은 '자본주의자'의 국가보다도 많은 점에서 반동적이고 보수적인 '소유 국가'지만, 그래도 하나의 본질적인 점에서 앞서고 있다. 그것은 사적인 단체가 정부의 일반적인 정치경제 계획을 방해하는 일이 없다는 점이다.

소련의 체계는 지금도 이데올로기로서 마르크스, 엥겔스, 레닌이 제창한 혁명적 사회주의적 이념을 이용하여 대중에게 사명감을 부여하고 있다. 그러나 이러한 이념의 효과는 상실되어서, 서구에서의 크리스트교 이념이 단지 이데올로기로서 사용되는 상황, 즉 이러한 이념을 표명하는 대부분의 사람들의 마음이나 행위에 효과적일 수 없게 된 상황과 비교하는 처지로 변해 버렸다.

지금까지 기술해 온 사실에서 보면, 정신분석학과 사회주의자의 운동은, 그 패배를 고하는 비극적 음률로 끝나고 있다.

그러나 이것은 기존의 거대한 관료주의에 관한 한은 옳은 얘기지만, 더욱 희망을 가질 수 있는 면은 그렇지 않다.

정신분석적 급진주의는 관료주의에 의해서도 사멸하지 않았으며, 정신분석 사상이 질식당하는 일도 없었다. 일군의 정신분석의들은 서로 다르긴 하지만 새로운 방법을 발견하고 새로운 개념을 만들어 내려 시도하고 있었다. 그들은 모두 무의식 과정에 대한 프로이트의 고전적 발견에서 그 근원을 찾았으며, 더욱이 새로운 치료경험이나 생물학과 의학의 진보, 철학과 이론물리학 등의 자극을 받아 새로운 사고법을 사용했다. 사실 그들 중에서는 프로이트의 이념 가까이에 위치를 점하는 사람도 있고, 또 그 밖의 여러 경향이 나타나는데, 모든 사람들에게 공통된 요소는 정신분석적 관료주의의 사상통제로부터 자유로워져서, 이 자유를 창조적인 정신분석 학설과 치료의 발전을 위해 충분히 이용하는 점이다.

정신분석과 비교도 할 수 없는 역사적 중요성이 있는 사회주의는, 그 적에 의해 파괴되는 일도 없었고, 또 그 우파나 좌파의 '대표'에 의해 파괴당하지도 않았다. 전 세계에 걸쳐 마르크스주의적인 사회주의를 주장하고 개량하려는 급진적인 인도주의적 사회주의자의 소집단이 존재하며, 소련의 공산주의와는 다른 인도주의적 사회주의의 발전에 공헌하려 하고 있다. 마르크스의 정신을 주장하는 이들의 목소리는 아직 약하고 고립되어 있다. 그러나 그들은 확실히 존재하고 있으며, 인류가 핵전쟁이라는 상상할 수도 없는 광기를 방지하고, 새로운 국제적 사회주의자의 운동이 동서양의 인도주의 원리와 목표를 실현할지도 모른다는 희망을 낳게 하는 것이다.

11. 여 록

이 책의 여러 부분에서 논의된 개념의 전제나 결과이면서, 프로이트나 마르크스의 개념을 주제로 한 어느 장에 잘 들어맞지 않았던 몇 가지 이념이 남아 있다. 이 장에서는 이러한 몇 가지의 관련 이념을 설명해 보겠다.

처음에 논할 이념은 '사고'와 '배려'와의 결합에 대한 것이다. 심리학과 사회학은 모두 인간을 대상으로 하지만 인간을 다른 대상과 마찬가지로 관찰해 보아도 매우 많은 것을 알 수가 있다. 그러나 '나'라는 관찰자가 '대상'에 대해 대립하고 그것을 관찰하며, 기술하고 계측하며 평가하는 한에 있어서는 인간은 '대상'으로 머무르고, 살아 있는 것으로서 이해한 것이 되지는 않는다(영어에서 '대상'과 '반대'라는 두 개의 말은 같은 어원이며, 독일어에서 Gegenstand(대립)라는 의미이다).

인간은 그 인간과 관련을 갖는 상황 속에서만 비로소 이해될 수 있는 것이다. 그때 인간은 분리된 대상이기를 중지하고 나의 일부가 된다. 더욱 정확히 말하면, 그는 '내'가 되고, 또 '내가 아닌 것'에 머무르는 것이다. 내가 거리를 둔 관찰자인 한, 알 수 있는 것은 표면적인 행동뿐이다. 그러므로 그것만이 내가 알고자 하는 것의 전부라면 관찰자인 점에 만족할 수가 있을 것이다. 그러나 그러한 상황에서는 타자의 전체, 즉 그것의 완전하고 진실된 모습은 상실되어 버린다. 그 사람을 여러 측면에서 기술할 수는 있어도, 거기에 만남은 생겨나지 않는다. 내가 그를 향해 열려지고 그에게 반응함으로써, 즉 정확히는 그와 관련을 맺음으로써 비로소 자신과 같은 인간을 보는 셈이 된다. 즉 그를 본다는 것은 그를 안다는 것이기도 하다.

만약 내가 자신에 대한 관심에만 쏠려 있다면, 어떻게 타자를 볼 수 있을 것인가? 자기 자신에만 관심이 쏠려 있다는 것은 자신의 이미지나 탐욕스러움, 불안 등에 얽매어 있음을 의미한다. 그러나 그것은 '자기 자신이 되어 있는' 것이 아니다. 사실 타자를 보기 위해서는 자기 자신일 것이 필요하다. 나 자신이 공포나 슬픔, 고독, 희망, 애정 등을 느끼지 않고 어떻게 타자의 공포나 슬픔, 고독, 희망, 애정 등을 이해할 수 있겠는가? 나 자신이 인간적인 체험을 갖고, 그 체험에 의해 나와 같은 타자와 관계를 맺는 것이 아니라면, 그 사람에 대한 여러 가지의 일을 알 수 있어도 그 사람 자신을 알 수는 없을 것이다. 열려져 있다는 조건이 그와 관련을 갖고, 그의 속에 충분히 융합하는 일을 가능케 하지만, 그러나 '나'는 '나'에 머무를 필요가 있다. 그렇지 않으면 내가 열리는 일은 불가능하기 때문이다. 나는 자기 자신일 필요가 있다. 즉 자기 자신의 진정한 독자적 자아여야만 비로소 자기 자신을 던져, 이 독자적인 자아가 갖는 현실이라는 환상(幻想)을 초월할 수 있는 것이다.

자기 자신의 동일성을 확립하여 어머니의 태내로부터, 가족으로부터, 민족과 국가의 기반으로부터 충분히 탈출할 수 있어야만, 바꾸어 말하면 충분히 '개인'이 되고 자유로워져야만 비로소 개체로서의 껍질을 버리고 자기가 파도 머리의 한 방울의 물이며, 순간적인 한 개의 작은 조각에 지나지 않음을 체험할 수 있는 것이다.

관련을 갖고 접촉을 갖는다는 것은 관여한다는 의미이다. 거리를 가진 관찰자이기보다 관여자이고자 하면 홍미를 갖게 된다(홍미 'interesse'라는 말은 '속에 있다'는 의미이다). '속에 있다'고 하는 것은 바깥쪽에 있지 않음을 의미한다. 그러므로 '내가 속에 있어야만' 비로소 세계에 관심을 갖게 된다. 이러한 관심은 파괴적인 것일 수도 있다. 자살을 하는 사람의 자신에 대한 '홍미'는 자기를 파괴하려는 홍미이며, 타살자의 세계에 대한 홍미는 역시 그것을 파괴하려는 것이다. 그러나 이 두 번째 의미에서의 홍미는 병적인 것이다. 그 까닭은 '인간은 선한 것이다'라는 이유 때문이 아니라, 스스로를 유지하려는 것이야말로 생명의 특성이기 때문에, 즉 세계 '속에 있다'는 것은 인생과 자기나 모든 타자의 성장에 관심을 갖는다는 의미이기 때문이다.

그러므로 배려를 가진 지식, '세계 내재적' 지식을 가지면 타자를 원조하려는 욕구에 이끌린다. 즉 이 말을 광의로 사용하면, 치료적 지향을 갖는 지식이라고 할 수 있는 것이다. 이러한 배려적 지식의 본질을 고전적으로 표현한 것으로는 불교 사상이 있다. 석가모니가 노인이나 병자나 사자를 보았을 때, 그는 거리를 둔 관찰자에 머무르지 않고, 인간이 고통으로부터 구제받기 위해서는 어떻게 하면 좋은가, 하는 물음을 생각하지 않을 수 없었다. 이 사람을 구하려는 배려가, 탐욕과 무지로부터 자유로워지면 인간은 고통으로부터 해방된다는 석가모니의 발견을 가져온 것이다.

일단 세계로 향하는 사람의 마음이 정열적인 배려로 되면, 세계에 대한 여러 가지 생각이 달라진다. 이것을 보여 주는 가장 단순한 예를 의학에서 발견할 수 있다. 환자를 치유시키려는 욕구 없이 이루어진 의학적 발견이 몇 개나 있었을까? 이와 같은 배려는 프로이트의 모든 발견의 기본이기도 하다. 프로이트는 정신장애를 치유시키려는 욕구에 의해 움직여졌으며, 증상이나 꿈속에서 무의식이 여러 가지의 은폐물을 걸치고 나타나는 것을 발견한 것이다. 홍미를 수반하지 않는 우연한 관찰에서 중요한 지식을 얻는 일은 드물다. 지성에 의해 제출되는 의문은 모두 우리가 갖는 흥미에 의해 움직여진다. 지식과 대립하지 않는 이러한 흥미야말로 지식을 얻기 위한 조건이다. 그리고 이성을 수반한 흥미를 갖는 일은, 물건을 있는 그대로 보는 능력을 갖게 하며, 물건을 '있는 그대로 있게 하는' 것이다.

이것을 아는 데 있어 나의 정신분석의로서의 활동은 매우 유용했다. 나는 환자를 분석함에 있어 엄격한 정통 프로이트파의 수법에 따라 훈련을 받았다. 즉 환자의 배후에 앉아 연상하는 말을 듣는 것이다. 이 정신분석의 기법은 연구실에서의 실험을 모델로 하여 만들어진 것이다. 환자는 '대상'이며, 분석의는 그의 자유연상이나 꿈을 관찰하고 환자가 제출한 자료를 분석한다. 그러므로 분석자는 관여자이기보다는 거리를 둔 관찰자이며 거울이어야 한다고 한 것이다.

그러나 나는 이 방법으로 일을 계속하면 할수록 그에 만족할 수 없게 되었다. 무엇보다도 먼저 분석 중에 피로하여 졸음이 왔으며, 분석 시간이 끝나면 한숨을 쉬었다. 그러나 더욱 나쁜 것은, 내가 점차 환자를 진정으로 이해하고 있지 않다는 사실이다. 확실히 나는 '해석'하는 일을 배웠지만 그것은 항상 환자의 연상과 꿈이 이론상 기대되는 것이었을 때에 그와 같이 해석하는 일을 배웠을 뿐이었다. 그러나 이렇게 해도 나는 환자'를' 얘기한다기보다는 환자에 '대해서' 얘기하는 것에 지나지 않았으며, 이해하지 않으면 안 될 일의 대부분이 달아나 버리는 것처럼 느꼈다. 당연히 나도 처음에는 이러한 의문은 모두 경험이 부족하기 때문이라고 생각하였다. 그러나 경험을 쌓음에 따라 이 의문은 줄어들지 않고 증대했기 때문에, 자신이 사용하는 방법에 의문을 품기 시작했다. 그래서 같은 경험을 가진 동료로부터 자극을 받고 용기를 얻어 새로운 방법을 발견하려고 이것저것 살펴보기 시작했다. 그 결과로 발견한 것은 관찰자가 아닌 관여자가 될 것, 환자와 접촉을 가질 것, '말초에서 말초로'가 아니라 '중심에서 중심으로' 향한다는 간단한 것이었다. 이렇게 하면 전에 관찰할 수 없었던 것이 환자 속에 보이기 시작하고, 환자가 하는 말을 '해석'하는 게 아니라 그를 '이해'할 수 있음을 발견했다. 더욱이 나는 분석 시간 중에 피로를 느끼는 일도 없어졌다. 동시에 나는 사람이 충분히 접촉을 가지면서도 완전히 객관적일 수 있음을 체험했다. 여기서 '객관적'이란 환자를 있는 그대로 보고, 자신의 소망에 따라 왜곡시키지 않는 것을 의미한다. 그러나 이 객관적이라고 하는 것은 환자의 존경이나 복종 또는 '치유'까지도 바라지 않는, 즉 자신을 위해 아무것도 바라지 않는 상태에서만 비로소 가능해진다. 이것은 앞에서 말한, 사고의 결과를 풍요하게 만드는, 타자를 도우려는 욕구와 모순되는 것처럼 보인다. 그러나 여기서 강조해 두고 싶은 것은 실제로는 모순이 존재하지 않는다는 점이다. 타자를 도우려고 하는 진정한 욕구는 자신을 위해서는 아무것도 바라지 않는 것이므로, 환자가 잘 치유되지 않아도 자존심에 상처를 입는 일이 없으며, 잘 치유되어도 자신의 성공을 뽐내지 않는다.

심리학에서의 진리는 사회학에서도 진리이다. 내가 사회에 대해 깊은 관심을 갖지 않다면, 사회에 대한 나의 생각은 흐리멍덩하게 될 것이다. 그것은 맹목적인 탐색 이외의 아무것도 아니며, '데이터'를 수집하거나 사람을 위압하는 통계 따위를 나열함으로써 이 맹목성을 은폐하려 해도 쓸데없는 짓이다. 하지만 인간에 대한 배려가 있으면, 인간이 구성하는 사회로부터 유리된 개인에 대해서만 관심을 가질 수는 없으며, 만일 내가 이 사회적 원인에 의한 고통 때문에 상심하고, 이 고통을 덜어 주려 한다면, 그 사람이 충분히 인간성을 획득하도록 도와주게 되는 것이다. 그러므로 인간에 대해 배려가 있으면 숱한 의문이 생겨난다. 그것은 어떻게 하면 인간이 자유로워지고, 충분히 인간성을 획득할 수 있으며, 또 그 가능성을 실현하는가 하는 따위의 물음이다.

바로 이러한 배려가 있었기 때문에 마르크스는 그처럼 큰 발견을 이룩한 것이다. 그것은 다른 과학적 발견과 마찬가지로 완전히 옳았던 것은 아니다. 사실 과학의 역사는 오류의 역사이다. 이 말은 프로이트의 학설과 마찬가지로 마르크스의 학설에도 들어맞는다. 그러므로 중요한 것은 반드시 진리의 최종적인 단정으로서의 통찰이 아니라, 풍요하고 더욱 발전할 수 있도록 재촉하는 일이며, 또 발견된 진리가 인간을 바꿔 보다 큰 자각을 재촉하고, 다음 세대에 더욱 위대한 각성을 전달해 가는 일이다.

배려와 지식의 상호 관계에 대해서는 이전부터 이론과 실천의 상호 관계로서 올바로 파악되어 왔다. 이전에 마르크스가 기술한 것처럼, 세계를 해석할 뿐만 아니라 바꾸지 않으면 안 된다. 충실과 변화를 구하지 않는 해석은 공허한 것이다. 그러나 해석을 수반하지 않는 변화는 맹목이다. 해석과 변화, 이론과 실천은 결합할 필요가 있는 분리된 요소가 아니다. 그것은 지식이 실천에 의해 충실해지고, 실천이 지식에 의해 인도된다는 방식으로 서로 관련되어 있는 것이며, 이론과 실천은 그 분리가 소실되면 각기 그 본질을 바꾸는 것이다.

이론과 실천의 상호관계라는 문제에는 그 밖에도 지능과 인물의 관련이라는 측면이 있다, 확실히 각 개인은 일정한 수준의 지능을 가지고 태어나며, 백치인가 천재인가에 대해서 심리학적 요소는 관계가 없다. 그러나 백치와 천재는 예외이다.

나는 이 양 극에 속하지 않는 대부분의 사람들이 어리석은 생각을 갖고 있는 것을 더욱더 통감하게 되었다. 여기서 나는 지능테스트로 측정할 수 있는 종류의 지능현상을 문제삼는 것이 아니라 현상의 배후에 숨은 원인을 이해하는 능력에 대해 말하는 것이다. 즉 동일한 현상 속에 있는 대립을 파악하고, 이와는 다른 미지의 관련 요소와의 관계를 발견하는 능력의 결여 말이다. 이런 종류의 저열한 상황은 개인적 관계나 사회적 사건에 대한 사람들의 의견에 가장 잘 나타난다. 어째서 사람들은 개인과 사회에서의 사건에 대해, 완전히 명백한 사실을 알아채지 못하고, 끝없이 되풀이되는 틀에 박힌 듯한 문구에 매달리는 것일까?

지능은 소질을 제외하면 거의 독립심이나 용기 또는 활발성의 기능에 의존하는 것이며, 어리석은 생각도 마찬가지로 복종이나 공포 또는 정신적인 죽음의 결과이다.

지능의 본질적인 부분이, 관계가 없는 듯이 보이는 여러 요소 사이에서 관련을 찾아내는 능력이라면, 틀에 박힌 문구나 관습에 매달리는 사람들은 감히 이런 관련을 인식하려는 용기가 없는 것이며, 타인과 다른 점을 걱정하는 사람도 허구를 있는 그대로 인식할 용기가 없기 때문에 , 감추어진 현실에 의해 중대한 방해를 받는 셈이다. 《벌거숭이 임금님》이라는 동화에 나오는 어린 소년이, 임금이 벌거숭이인 것을 볼 수 있었던 것은 어른보다 지능이 높았기 때문이 아니며, 타인과 일치되려고 초조해하지 않았을 뿐인 것이다. 더욱 중요한 일은, 모든 새로운 발견은 모험이며, 모험에는 단지 일정한 마음의 안정뿐만 아니라 생명력과 기쁨이 필요하다는 사실이다. 그리고 이러한 사실은, 인생이 긴장으로부터의 해방이나 고통의 방지 이상의 것이 됨으로써 비로소 가능해진다. 일반적으로 퍼져 있는 어리석은 생각을 없애기 위해서는 '지성'이 필요한 것이 아니라 다른 성격, 즉 독립하고, 모험심을 가지며, 인생을 사랑하는 인간이 필요한 것이다.

지성의 문제를 마무리짓기 전에 또 하나의 경향, 즉 지성에 편중되는 일과, 언어의 오용이 가져오는 위험에 대해 말하지 않으면 안 되겠다. 언어는 그것이 나타내는 의미의 내용을 수반하지 않은 채로 사용될 수 있다. 즉 언어가 공허한 껍질이 된 채, 우리는 외국어를 배우듯이 철학 · 종교 · 정치상의 이념을 배울 수가 있다. 사실 중대한 위협

중의 하나는 언어를 사실과 혼동하는 일이며, 언어의 맹목적 숭배는 현실의 이해를 방해하는 것이다.

이런 일은 모든 분야, 아마 종교 · 정치 · 철학의 모든 분야에서 관찰할 수 있을 것이다. 대부분의 미국인들은 신을 믿지만, 과학적 · 조직적 관찰로부터 인상적인 것에 이르기까지 모든 조사를 통해 명백해진 것은, 신에 대한 신앙이 행위와 인생의 지도 이념으로서 거의 영향을 미치지 않다는 사실이다. 대부분의 사람들은 건강과 돈 및 '교육'(사회적 성공의 표지로서)에 관심이 있지만, 사람들이 신에 관심이 있으면 생겨날 문제는 전혀 문제 삼지도 않는 것이다. 우리는 소비에 굶주리고 생산을 자랑하고 있으며, 바야흐로 우리 스스로 공경하는 '무신론'적인 물질주의의 징후가 나타나고 있다. 신에 대한 우리의 신앙을 모두 진지하게 검토한다면, 신이 우상으로 되어 있다는 것을 인식할 수 있을 것이다. 그것은 우리의 조상들이 숭배한 나무나 돌로 된 우상이 아니라, 언어나 학설이라는 우상이다. 우리는 항상 함부로 신의 이름을 사용하지 마라는 계율을 깨뜨리고 있다. 그것은 신의 이름을 헛되이 사용하는 것이며, 말로 나타낼 수 없는 체험을 더듬거리며 표현하는 것과는 전혀 다르다. 우리는 신을 믿는다는 사람을 '종교적'이라고 생각하는데, 믿는 일과 말하는 일이 그처럼 어려운 것일까? 거기에는 이 말을 입에 올리는 일 이상의 사실이 존재하는 것일까?

여기서 나는 말할 것도 없이, 언어의 배후에 있는 현실에 의거한 체험에 대해 얘기하는 것이다. 그것은 자신을 인간성에 의거하여, 사랑과 공정과 진실을 충분히 체험할 수 있는 가치체계를 갖는 생명체로서 인식하는 일이다. 이것이 인생의 주된 목표가 되면, 다른 사항들은 부수적인 것에 지나지 않음을 알게 된다. 그렇게 되면, 세계에 새로운 조화를 가져오게 될 때까지 사랑과 이성의 힘을 계속 발전시키려고 노력하게 된다. 그것은 겸허해지려는 노력이고, 모든 존재와 자기의 동일성을 발견하려는 일이며 분리된, 파괴할 수 없는 자아에 대한 환상을 포기하는 일이다. 그것은 또한 '신'에 속하는 것과 '카이사르'에 속하는 것을 혼동하지 않는 일이기도 하다. 카이사르의 영역에서는 한 인간이 타자보다 힘과 재능과 지능과 능력을 더 많이 갖지만, 종교적 영역에서는 아무도 타자의 상사나 부하가 되지 않으며, 우리는 모든 성자, 범죄자, 영웅, 비겁자로서의 인간 이외의 아무것도 아니다. 이미 신과 카이사르의 영역을 혼동하지 않는 진정한 체험에 도달하는 일이, 카이사르의 것은 카이사르에게, 신의 것은 신에게 돌려주라는 말이 배후에 존재하는 진실의 본질적인 부분인 것이다.

이 두 영역을 구별하면, 종교 체험의 가장 중요한 점의 하나라고 생각되는 힘에 대한 태도에 접하게 된다. 카이사르의 영역은 힘의 영역이다. 육체적 존재로서의 우리는 모두 힘의 대상이 된다. 누구나 피스톨을 갖고 있다면 우리를 죽이거나 투옥할 수가 있다. 즉 우리의 생활을 통제하는 것은 우리를 굶주리게 할 수 있고, 명령을 강요할 수 있다. 우리가 살려고 하는 한, 기회 있을 때마다 복종하거나 싸우지 않으면 안 되는데, 그런 기회도 없는 수가 많다.

사실 힘은 삶과 죽음, 자유와 노예화를 결정하는 것이므로 우리의 몸뿐만 아니라 마음에도 영향을 미친다. 그 때문에 커다란 힘을 지배하는 사람은 존경받고 신성화된다. 그러므로 이러한 사람은 우리를 노예화했을 때조차도 현자이며 선을 행하는 사람이라고 생각된다. 왜냐하면 우리가 '선'하고 '현명'한 사람들에게 자진하여 복종하려고 생각하기 때문이며, 비뚤어진 인간에 대한 복종을 거부할 수 없다는 사실을 받아들이고 싶지 않기 때문이다. 우리가 힘을 찬미하고, 카이사르의 가치를 받아들여 신과 힘을 혼동하면, 신을 카이사르로 바꾼다는 불경을 범하는 셈이 된다. 그런데 인간은 수천 년 동안을 그렇게 해 온 것이다. 진정한 영적 체험은 힘이라는 사실을 알지만, 결코 힘을 예지나 선량함을 가진 것으로서 찬미하지는 않는다. '권세에 의하지 않고 능력에 의하지 않으며, 나의 영혼에 의하는 것이라고 주께서 말씀하셨다'는 예언자의 말은 이것을 나타내고 있다.

종교의 발달은 인간의 자각 및 개성화와 밀접하게 섞여 있다. 자각이 발달했기 때문에 인간은 고독과 타자로부터의 분리를 체험하게 되었으리라고 생각된다. 그러나 이 체험은 강한 불안을 가져오고, 이 불안을 극복하기 위하여 인간은 분리를 중지하고 세계를 하나로 만들려는 강한 희망을 품었다. 수십만 년 동안에 걸쳐 우리는 자신이 떠나온 곳으로 되돌아가려 했으며, 자신과 다시금 하나가 되려 했다. 또 다시금 동물이나 나무와 하나가 되고 싶어 하고, 인간으로서의 아픔으로부터, 즉 자신과 세계에 대한 의식을 갖는 일로부터 도피하려 했다. 인간은 자연과 하나가 되는 일을 여러 가지 방법으로 추구하고, 나무나 하천을 신앙하고 동물과 동화하려 했으며 동물처럼 느끼고 행동함으로써 충족시키려 했다. 또 의식을 배제하려고 술이나 약, 성적 유희 등에 의해 인간임을 잊으려 했다. 우리는 자신을 우상의 일부로서 느끼고 그와 결합함으로써 힘을 얻으려 했으며, 자기가 가진 모든 것을 투영시킨 우상을 만들어 어린아이와 가축을 희생물로 바쳤다. 그러나 역사의 한 시점에서—그것도 고작 4천여 년 전의 일인데—인간은 결정적인 전환을 이룩했다. 즉 인간성을 배제해도 자연과 하나가 될 수 없음을 인식하고, 무지의 낙원으로 되돌아갈 수 없음을 아는 동시에, 인간으로 존재하고 자연을 초월하면서도 그 속에 있다는 이 문제를, 과거로 되돌아감으로써 해결할 수는 없음을 인식했다. 이 문제를 해결하기 위해서는 전진하고, 이성과 사랑을 기르며, 인간성을 심화하고, 그 결과 인간과 세계가 새로운 조화를 발견하여 다시금 세계 속에서 평안을 얻는 길밖에는 다른 방법이 없음을 알게 된 것이다.

기원전 1천 5백 년으로부터 5백 년 사이에, 세계 각지에서 이와 같은 새로운 통찰이 생겨났다. 즉 중국에서는 노자가, 인도에서는 석가모니가, 이집트에서는 이크나톤이, 팔레스타인에서는 모세가, 그리스에서는 철학자들이 이러한 것을 발견한 것이다. 하지만 각 발견의 배후에 있던 체험이(정확하게는) 같은 것이었다고는 말할 수 없다.

사실 두 명의 개인이 정확하게 같은 체험을 갖는 법은 없다. 그러나 표면적으로는 전혀 다른 방식으로 표현되었다 하더라도 그들의 체험은 본질적으로는 같은 것이었다. 노자와 석가모니는 신에 대해서는 아무 말도 하지 않았으며, 노자는 '도'에 대해서, 석가모니는 열반과 깨달음에 대해서 말했다. 그리스의 철학자들은 원리와 원물질 및 부동의 원동력에 대해 말했다. 한편 이집트인과 히브리인은 전혀 다른 개념을 갖고 있었다. 그들은 전통적으로 강력한 지배자를 가진 중앙집권적인 소국을 형성하기 때문에, 하늘과 대지의 지배자인 지상 존재를 상상한 것이다. 히브리인은 우상에 대해 싸움을 벌였다. 그들은 신을 본뜬 모든 종류의 물건을 금지시켰다. 그들 중 최대의 철학자였던 마이모니데스는 1천 년 후에, 적극적인 태도로 신에 대해 얘기하는 일조차 금한 것이다. 다만 표현할 수 없다는 형태로 만들어진 신의 개념은 유대교나 기독교 속에 머물러 그 표현을 발견했으며, 서구 사회에 있어서 종교체험의 지배적 개념이 되었다. 18세기와 19세기에 이르러, 많은 사람들은 왕이나 황제에게 반항한 것처럼 이 사상 개념에도 반항했다. 종교적 전통의 배후에 있던 체험은, 계몽주의나 새로운 인도주의의 이름으로 무신론적 언어로 표현되었다. 즉 그것은 신에 대한 배려보다도 인간에 대한 배려로서 그렇게 된 것이다. 그러나 배려라는 점에서는 같은 것이다. 그것은 인간을 충분히 성장시키기 위한 배려이며, 인간을 수단이 아닌 목적으로 생각하고, 그 정신의 성장을 위해 사회적 조건을 만들어 내는 일이다. 마르크스, 풀레, 크로포드킨, 오웬, 졸레스, 로자 룩셈부르크, 고리키 등의 사회주의는 과거 수백 년 동안에 걸친 가장 중요한 진정한 종교적 운동이었다. 제1차 세계대전 때부터 시작된 인도주의적 전통의 파괴는 완전히 이 무신론적 '종교'운동까지도 파괴해 버렸다. 니체가 '신은 죽었다'고 말했지만, 1914년 이후에 생겨난 것은 인간의 죽음이었다. 작은 서클이나 두서너 사람들에 의해서만 이 인도주의의 정신적 전통은 계승되어 갔는데, 그러한 사람들의 대표로서 현대에 있어서 가장 위대한 사람은 간디, 아인슈타인, 슈바이처 등이다.

언어에 대한 맹목적 숭배는 정치적 이데올로기의 영역에 있어 위험한 것처럼, 종교적 이데올로기에 있어서도 위험하다. 언어는 행위와 함께 보아야 하며, 그 말을 입에 올리는 사람의 전인격과 함께 보아야 하는 것이다. 즉 언어는 행위와 인물과의 관련 속에서 비로소 의미를 갖는다. 이 두 요소가 결합되지 않으면 언어는 타자와 자기를 현혹시키며, 무엇을 분명히 밝히는 대신에 은폐하는 기능을 갖는 데 지나지 않게 된다. 이 사실은 모두, 우리가 삶을 향유하는 속에서도 이 역사적 시점을 이해할 수 있다.

1914년 8월 2일 이전에는 국제주의와 평화를 얘기하던 사회주의의 지도자들도, 그 이튿날에는 전쟁 히스테리와 협력하였다. 이 지도자들이 4년 후에는 '사회주의는 전진하고 있다'는 슬로건을 내걸고, 독일 혁명에 의한 타당한 사회주의의 성립을 방해한 것이다. 사회주의자인 무솔리니는 파시즘의 지도자가 되었다. 더구나 배신하기 전날까지, 그는 다른 사회주의자와 똑같은 말을 하였던 것이다. 히틀러는 독일의 중공업과, 동쪽과 서쪽으로 향하는 확장주의를 위한 자신의 체계를 '국가사회주의'라고 불렀다. 또 스탈린도 러시아의 공업화를 급속히 달성하기 위한 그의 체계를 사회주의하고 불렀는데, 그것은 마르크스주의적인 사회주의의 특질인 인간적 가치의 전부를 완전히 무시한 것이었다. 그러나 스탈린의 적이나 동료들은 그 말을 진실로 받아들였다. 그것은 우리가 프랑코나 그 밖의 독재자를 '자유 세계의 대표들'이라고 부르는 것과 같다.

현실의 인식이나 탐구는 언어의 맹목적 숭배와는 반대되는 것이며, 이 목적에 접근하는 일은 인간 진보의 특질이다. 즉 현실을 탐구하는 일은 동시에 환상을 부정하는 일이기도 하다. 석가모니, 모세, 그리스의 철학자, 새로운 과학 계몽주의 철학자, 위대한 예술가, 위대한 물리학자, 생물학자, 화학자, 마르크스, 프로이트와 같은 사람은 모두 오감이나 '상식'이라는 기만적인 '현상계'를 넘어서서, 인간과 자연, 정신과 물질의 진정한 모습을 알려고 하는 정열적인 욕망을 갖고 있었던 점에서 공통돼 있었다. 이러한 사람들은 그 분야나 방법이 달랐지만, 그 충동과 목표는 의심할 것도 없이 똑같은 것이었다. 즉 인류가 정신적·물질적으로 획득한 것은 모두 환상을 타파하고 진실을 탐구한 사람들의 땀의 결정인 것이다.

진실을 탐구하고 환상을 타파하면 통찰이나 지식을 얻을 수 있을 뿐만 아니라, 그 과정에서 인간 자신이 변한다. 그 인간의 눈이 열리고 각성하며 세계를 있는 그대로 본다. 그 결과 현실에 직면하기 위하여 자신의 지능과 감정의 힘을 사용하며 발전시키는 방법을 배운다. 그의 눈이 열림으로써 비로소 그 사람은 현실주의자가 될 수 있는 것이다. 오늘날 소수의 예외를 제외하고, 예술과 과학의 영역에서 활약하는 창조적인 남녀의 거의 대부분이 같은 의견을 갖고 있다는 것은 우연한 일이 아니다. 그들은 인간이 그의 인간성을 충분히 획득할 수 있는 가능성이 있고, 죽음에 대항하여 삶을 쟁취하지 않으면 안 된다고 믿으며, 공업화되어 있지 않는 나라의 정치적·경제적 해방을 위해 전쟁을 종결시키고 군비확장을 종결시키기 위해서는 국제적인 이해가 필요하다고 믿는다.

그러나 이러한 우리의 문명의 지도자들은 이른바 '현실주의자'에 의해 '감상적'이라느니, '어리석다'느니, '비현실적'이라느니 하는 비난을 받는다. 이른바 '현실주의'의 대변자들은 모든 역사적 사실이 가리키는 증거가 있음에도 불구하고, 더욱 군비경쟁을 함으로써 평화를 유지할 수 있다고 주장한다. 그들은 파괴의 결산표를 치켜들고, 미국인이 1억 명이나 죽는 일은 받아들일 수 없지만, 6천만 명 같으면 괜찮다는 것이다. 또 그들은 국민을 지키기 위한 방공호 계획에 대해 조리에 맞지 않는 논의를 늘어놓으며, 핵전쟁이 일어나면 수시간 내에, 방공호에 들어가 있는 사람을 포함한 대도시 주민의 대부분이 틀림없이 죽임을 당하리라는 사실을 은폐하려 한다. 이러한 이른바 현실주의자는 자신들이 더욱 비현실적이라는 것을 모른다. 과거에는 개개의 인간 사회가 서로 독립해 있었으므로, 이른바 현실주의자들이 하나의 문명을 파괴하더라도 다른 문명은 번영할 수가 있었다. 오늘날에는 인류가 서로 관련되어 있기 때문에 소수의 미치광이 같은 현실주의자들이 수백 대에 걸친 씩씩한 노력을 허사로 만들 수가 있는 것이다.

1900년에 태어난 사람이 1915년, 1929년, 1945년 이후에 태어난 사람에게 자신에 체험을 어느 정도나 전달할 수 있는지를 알아보기는 어렵다. 물론 나는 위의 날짜들을 일부러 고른 것이다. 나처럼 제1차 세계대전이 일어났을 때 적어도 열네 살이 넘었던 사람은 부분적이긴 하지만 19세기의 확실하고 안전한 세계를 체험하였다. 만일 그 사람이 필요한 모든 것과 많은 사치품을 가진 중산계급 가정의 아들이었다면 가난한 가정에서 태어난 사람보다도, 이 전쟁이 일어나기 이전의 즐거운 면을 만끽했을 것은 틀림없는 일이다. 국민의 대부분 특히 노동자 계급에 있어서조차 19세기 말과 20세기 초엽은 50년 전과 비교해 보아도 생존조건이 놀라울 만큼 개선되던 시대이며, 그들은 보다 나은 미래에 대한 희망에 차 있었다.

1914년 이후에 태어난 세대에게는, 이 전쟁이 서구 문명의 기초에 얼마만큼의 충격을 주었는지를 평가하기가 어렵다. 이 싸움은 모든 사람들의 의지와는 관계없이 일어난다. 게다가 전쟁이 일어나도록 압력을 가하고, 그 일에 특별한 흥미가 있던 각국의 그룹이나 군인들은 그러한 사태발전을 보고도 못 본 체하고 있었다. 대부분의 유럽 사람들은 백 년 동안이나 파괴적인 큰 전쟁을 경험하지 않았고, 또 보불 전쟁으로부터 거의 50년을 경과하였으므로, '전쟁은 일어날 수 없다'는 생각으로 기울어져 있었다. 또 강력한 사회주의 인터내셔널이 전쟁을 방지할 수 있을 것처럼 생각되었다. 반전론자와 평화주의자들의 운동도 강력했다.

러시아 황제나 독일 왕제, 프랑스, 영국 등의 각국 정부도 전쟁을 방지하는 일에 성공한 것처럼 생각되었다. 그런데도 그 전쟁이 일어난 것이다 이성과 예절이 갑자기 서구를 떠난 듯했다. 불과 1개월 전에는 목숨을 걸고 국제적 단결을 위해 노력하던 바로 그 사회주의 지도자들이 저열한 국가주의적 언사를 농하며 서로를 비웃었다. 서로 존경하던 나라들이 갑자기 광포스런 증오심에 사로잡혔다. 영국인은 독일인에게 있어 비겁한 용병이 되었으며, 독일인 역시 그 적들에게 있어 사악한 몽고인으로 변했다. 바흐나 모차르트의 음악은 오욕스러운 것으로 여겨지고, 독일어화되어 있던 프랑스 어는 추방되었다. 그뿐만 아니라 비전투원의 살상을 반대하는 도덕적 규칙도 파기되었다. 양쪽은 모두 무방비한 도시를 폭격하고 부녀자를 살육했다. 공습의 규모나 강도가 한정되어 있던 것은 주로 항공 기술이 덜 발달된 때문이었을 뿐이다. 병사들의 운명도 마찬가지로 인도주의의 조항과는 전혀 상반된 것이 되었다. 양쪽 다 수백만 명의 병사들이 적의 참호를 공격하도록 명령받고 그 과정에서 죽었는데, 이러한 전술이 무의미하다는 것은 전부터 알았다.

그러나 최악의 사태는, 이 대살육이 허언 위에 성립되어 이었던 점에 있으리라고 생각된다. 독일인들은 그들이 자유를 위해 싸우고 있다고 설득을 당했으며, 적측 역시 마찬가지였다. 쌍방이 싸움에 지쳐 녹초가 되고, 특히 1916년 이후에 평화의 가능성이 보였을 때도, 쌍방은 모두 현재 전투가 벌어지고 있는 영역은 모두 자기의 것이라고 우기는 무모한 주장을 되풀이하며 타협을 거부했다. 한때는 수백만 명의 사람들이 이 커다란 기만을 간파했다. 그들은 대량 살육을 계속하도록 명령한 사람들에게 반역하여 러시아와 독일에서는 성공하고, 프랑스에서는 산발적인 반란을 일으켰다. 하지만 이 사건은 장군들에 의해 엄중히 처벌달하는 결과로 끝나고 말았다.

무슨 일이 일어났는가? 진보와 평화가 계속되리라는 신념은 산산조각이 나고, 확실한 것처럼 보였던 도덕적 원리는 파괴되었다. 상상할 수 없는 일이 일어난 것이다. 그러나 희망이 사라지지는 않았다. 이 야수화의 제1보를 내딛은 후에도, 다시금 희망이 사람들의 마음속에 되살아났다. 이 점을 이해하는 일이 중요하다. 왜냐하면 과거 2천 년 동안에 걸친 서양사를 특정지어 온 것은 희망의 원리 이외의 아무것도 아니기 때문이다.

앞에서도 말한 것처럼, 제1차 세계대전은 이 희망을 부숴 버렸지만, 완전히 파괴하지는 않았다. 사람들은 힘을 결집시켜, 1914년에 중단된 데서부터 일을 속행하려 했다. 국제연맹이 새로운 평화와 이성의 시대의 도래를 고한다고 믿는 사람들도 많았고, 또 차르주의자의 전통을 넘어선 러시아 혁명이 진정한 인도주의적 사회주의 사회를 만들어 내리라고 기대한 사람들도 있었으며, 그 밖에 자본주의 국가의 사람들도 그 체계가 곧 바로 경제적 진보를 가져올 수 있을 것으로 믿었다.

그러나 1927년으로부터 22년 동안에 생겨난 사건은 이러한 희망마저도 파괴해 버렸다. 자본주의의 체계는 국민 대부분의 실업과 비참상을 막을 능력이 없음을 나타냈다. 독일에서는 사람들이 히틀러에게 권력을 부여하여, 원시적인 불합리성과 무자비한 잔인성을 가진 제도가 시작되었다. 러시아에서는 스탈린이 혁명을 보수적인 국가자본주의로 변모시킨 다음, 나치스보다도 더욱 무자비한 공포체계를 만들어 내었다. 이 모든 일들이 진행됨에 따라, 이미 다음 세계대전이 지평선상에 그 모습을 드러내기 시작했다.

1914년에 시작된 야수화는 스탈린과 히틀러의 체계에 의해 바야흐로 완전히 실현되려 하였다. 독일인은 그것을 바르샤바 · 암스테르담 · 코펜하겐에 대한 공습으로 시작했고, 연합군은 쾰른 · 함부르크 · 라이프치히 · 도쿄에 대한 공습으로 반격하였으며, 마지막에는 히로시마와 나가사키에 원폭을 투하하기에 이르렀다. 몇 시간 동안에 한 도시에서 십만 명의 남녀노소들이 살육당했는데, 이 살육은 거의 아무런 망설임이나 자책도 없이 이루어진 것이다. 인간생활의 무차별한 파괴는 정치목표에 도달하기 위한 합법적 수단이 되었다. 하나의 야수적 행위가 행하여지자 그것은 가속도적으로 되어 갔다. '그가 비인간적이라면 나도 비인간적으로 되지 않으면 안 된다'는 논리에 따라 쌍방이 모두 상대방을 야수로 만든 것이다.

전쟁이 끝나자 새로운 희망이 움트고, 그 상징으로서 국제연합이 설립되었다. 그러나 다시금 전쟁 직후부터 야수화가 진행되고 있었다. 파괴적 무기의 힘이 더욱 증대하여, 양쪽이 모두 하루 사이에 지식인의 대부분을 포함하는, 적어도 인구의 절반을 파괴할 수 있게 되었다. 더욱이 이러한 대량 파괴의 가능성을 생각하는 일 자체가 진부한 일처럼 되어 버린 것이다. 하지만 양 진영은 모두 이 광기에 의한 최종적 행위를 막으려고 싸우는 많은 사람들을 안고 있다. 거기에는 과학과 인도주의와 희망의 전통에 따르는 일군의 남녀들이 있다. 그러나 수백만 명의 사람들은 이 야수화의 과정을 간과하고, 또 더욱 많은 사람들은 무기력해진 채 나날의 평범한 일들 속으로 도망치는 것이다.

불행히도 1914년에 서구 문명에 생겨난 악은 단지 희망의 상실과 야수화뿐만이 아니었다. 서구 문명의 퇴화를 가져오는 또 하나의 원인은, 그 문명 자신이 획득한 가장 위대한 것과 밀접한 관계가 있다. 산업혁명은 막대한 물질을 생산했으며, 그 때문에 대부분의 사람들의 생활 수준은 백 년 전의 사람들로서는 상상할 수도 없을 만큼 향상되었으리라고 생각된다. 그러나 진정한 합리적 욕구는 '소비기아'라 부를 수 있는 강력한 충동의 창조와 그 만족으로 대리되었다. 우울해진 사람이 흔히 마구 물건을 사고 싶어하거나 먹는 일 따위가 나타내는 것처럼, 현대인은 새로운 물건을 소유하며 사용하고자 하는 강한 욕망에 사로잡혀 있으며, 그 욕망을 보다 나은 생활에 대한 욕망의 나타남이라고 합리화하였다. 이러한 사람들은 물건을 사는 일이 직접적으로 생활을 풍부하게 하지는 않더라도 시간을 만들어 주기 때문이라고 주장하였다. 그러나 시간이 생기면 어떻게 사용해야 할지를 모르며, 시간을 절약하여 만들어 내는 일을 그토록 자랑스레 여기는데도 그것을 죽이기 위해 수입의 일부를 충당시키는 것이다.

우리는 이 현상이 세계에서 제일 부유한 나라인 미합중국에서 가장 명료한 형태로 나타나는 것을 볼 수 있다. 더욱이 그와 같은 경향이 다른 모든 나라에도 명백히 존재하고 있다. 세계의 모든 곳에서 최대의 생산과 최대의 소비가 목표로 되어 있다. 그 때문에 진보의 기준은 소비 지수에 의해 나타나게 된다. 이러한 일은 여러 자본주의 국가들과 마찬가지로 소련에도 해당된다. 사실 이 두 체계 사이의 경쟁은 보다 나은 생활이라기보다는 오히려 보다 높은 소비 수준을 만들어 내는 일에 집중되는 것처럼 보인다. 그 결과 공업화된 나라의 인간은 자기 자신을 더욱 탐욕스런 수동적 소비자로 바꾸어 간다. 물건은 인간을 안전하게 하기 위해 준비되는 것이 아니며, 인간은 생산자·소비자로서 물건의 노예가 되어 버렸다.

공업체계는 다른 점에서도 매우 불행한 결과를 초래했다. 20세기 초 이래로 생산방법은 많은 진화를 이룩했다. 생산과 운반은 거대한 기업체에 의해 조직화되고, 그 기업체는 수십만 명의 노동자나 사무원, 기술자, 세일즈맨 등을 고용하였다. 이러한 사람들은 계층적으로 조직화된 관료주의에 의해 관리되고, 또 개인은 이 기계의 크고 작은 톱니바퀴로 바뀌었다. 그들은 개인으로서 존재한다는 환상 밑에서 생활하고 있지만, 사실은 물건으로 바뀌어 있는 것이다. 그 결과 모험주의라든지, 개인주의라든지, 기꺼이 결단을 내리거나 위험을 무릅쓰는 일 따위가 많이 줄어들고 있음을 관찰할 수 있다. 그리고 그들의 목적은 이 강력한 기계의 부분이 되고, 기계에 의해 지켜지며, 기계와 공생적 관계에 있음을 강하게 느낌으로써 안전을 유지하려는 일이 된다.

젊은 세대에 대한 모든 연구나 관찰은 같은 결과에 도달하는데, 그것은 높은 수입보다도 오히려 퇴직 후의 생활을 충분히 보장하는 안전한 직업을 구하는 경향이며, 일찍 결혼하여 부모의 가정이라는 안전지대로부터 결혼이라는 안전지대로 곧바로 옮겨 가려는 경향이기도 하다. 상투적인 사고방식을 갖고, 일반적인 여론으로 받아들여지는 감정이라는 무명(無名)의 권위에 복종하며, 그것과의 일치를 구하는 일이다.

19세기를 특징짓던 교회나 국가, 가족의 권위에 대한 싸움으로부터 우리는 새로운 복종으로 되돌아왔다. 그러나 이 복종은 귀족적 인간에 대한 것이 아니라 조직에 대한 것이었다. '조직인'은 자신이 복종하고 있음을 자각하지 않고, 단지 합리적이며 실제적인 일에 따르고 있을 뿐이라고 믿는다. 사실 이데올로기야 어떻든 간에 조직인의 사회에서는 불복종이 거의 사멸하려 한다. 그러나 여기서 명심해야 할 것은, 복종하지 않는 능력은 복종한다는 능력과 마찬가지로 위대한 가치를 갖는다는 점이다.

히브리와 그리스의 신화에 의하면 인간의 역사는 불복종의 행위에 의해 비롯되었음을 유의할 필요가 있을 것이다. 에덴의 동산에서 생활하던 아담과 이브는 어머니의 자궁 내의 태아처럼 아직 자연의 일부에 지나지 않았다. 그리고 감히 명령에 거역하여 그 눈이 떠졌을 때 비로소 그들은 서로 타인으로서 인정을 하고, 외적 세계를 기이한 적의를 가진 것으로 인식한 것이다. 이 불복종의 행위에 의해 비로소 그들은 자연과의 원시적인 인연을 끊고 개인이 되었다. 불복종은 최초의 자유로운 행위이고, 인간의 역사의 시작이기도 했다.

그 밖에도 불복종을 제창한 반역자로는 신의 불을 훔친 프로메테우스가 있다. "신의 유순한 노예가 되느니보다는 이 바위에 매어지기를 바란다"고 그는 말하였다. 그러나 불을 훔친다는 그의 행위는 인간에의 선물이 되었으며 문명의 기초가 된 것이다. 아담과 이브처럼 그 역시 불복종한 탓으로 벌을 받았지만. 그들은 똑같이 인간의 진화를 가능케 한 것이다. 이 불복종의 행위에 의해 인간이 진화를 이룩한 것은 그 정신적 발달에 있어 권력에 대해 감히 거역할 용기를 가진 사람이 있었기 때문에 가능해졌다는 의미뿐 아니라, 자기의 양심과 신념에 따라 거역할 수 있는 사람이 있었기 때문이다. 인간의 지적 발전도 불복종이라는 능력에 의한 것인데, 그것은 새로운 사상을 억누르려는 권위에 대한 불복종이며, 변화란 넌센스라고 정해 버리는 낡은 사고방식이라는 권위에 대한 불복종이기도 했다.

불복종의 능력이 인간 역사의 시작을 형성하였다면, 복종은 인간의 역사를 끝맺는 것일지도 모른다. 여기서 나는 상징적·시적으로 얘기하는 것이 아니다. 다가올 10년 내지 15년 사이에 인류가 자기 자신과 지구상의 모든 생명을 파괴해 버릴 위험성이 존재하는 것이다. 여기에는 합리성이나 양식은 존재하지 않는다. 사실 우리는 기술적으로 원자시대에 생활하고 있음에도 불구하고, 인간은 대부분 감정적으로 아직 석기 시대에 있으며, 더욱이 권력을 가진 대부분의 인간이 그러한 것이다. 그러나 인류가 자살을 하게 된다면, 그것은 사람들이 죽음의 버튼을 누르라고 명령한 사람들을 따른 때문이고, 원시적인 공포나 증오, 탐욕에 따른 때문이기도 하며, 또 국가의 주권이라든지 명예 따위와 같은 쓸모없는 상투 문구에 복종한 때문이기도 하다.

소련의 지도자들은 혁명에 대해 많이 얘기하며, 우리 자유 세계의 사람들은 자유에 대해 많이 얘기한다. 하지만 소련에서는 불복종을 공공연한 힘으로써 탄압하고, 자유 세계에서의 우리는 암묵리에 더욱 미묘한 설득이라는 방법으로 불복종을 막으려 한다. 여기에 차이점이 존재한다. 이것은 불복종을 찬양하는 이 책이 소련에서는 전혀 출판이 불가능하지만 미합중국에서는 출판되고 있는 것을 보아도 명백히 알 수 있다. 하지만 그래도 우리는 완전한 조직인이 되어 버릴 위험성의 한복판에 놓여 있다고 나는 믿는다. 사람들이 다시금 불복종의 능력을 회복하고 의심하는 일을 배우지 않는다면, 사실 정치적 전체주의에 빠질 위험성이 존재하는 것이다.

현재적 상황의 또 하나의 문제점에 대해서는 이 책의 처음 부분에서 간단히 언급했지만, 여기서 더욱 상세히 논하지 않으면 안 될 것 같다. 그것은 인도주의적 체험 부흥의 문제이다.

인간의 진화가 씨족이나 종족처럼 작은 단위로부터 도시 국가나 국가를 거쳐 세계 국가와 세계 문화로 성장해 가는 것은 사회학적으로 보면 명백한 일이며, 그리스나 로마, 이슬람이나 근대 서구의 문명도 그 예외가 아니다. 그러나 인간의 체험이라는 면에서 보면, 이 차이는 처음 생각하는 정도로 기본적인 것이 아니다.

원시적인 씨족원들은 자신의 씨족원과 국외자를 엄밀히 구별한다. 거기에는 집단의 한 사람 한 사람을 지배하는 도덕적 법칙이 있으며, 이러한 법칙 없이는 집단이 존속할 수 없다. 더욱이 이 법칙은 이방인에게는 적용되지 않는다. 그러나 집단이 커짐에 따라 많은 사람들이 이방인 아닌 이웃이 된다. 그러나 이러한 양적 변화는 있지만, 질적으로는 이웃과 이방인의 구별이 여전히 존속한다. 이방인은 인간이 아니라 야만인이며 사물을 잘 이해할 수조차 없는 것이다.

바야흐로 인류가 사회적·경제적으로 '하나의 세계'가 되려고 하는 시기의 훨씬 이전부터 매우 진보적인 사상가들은 하나의 인간이라는 새로운 인간적 체험을 마음속에 그렸다. 석가모니는 문화나 종족을 불문하고 인간을 인간으로서, 같은 구조를 갖는 것으로서, 같은 문제와 해답을 갖는 것으로서 생각하였다. 구약성서는 인간을 하나의 신과 닮아 있다는 의미에서 하나의 존재로서 마음속에 그렸다. 예언자들은 전 세계의 나라들이 "그 검으로 삽을 만들고 창으로 솥을 만들며, 나라는 나라를 향해 검을 들지 않고, 그들은 이미 싸움을 배우지 않는"(이사야서 2장) 날이 올 것을 마음속에 그렸다. 또 그들은 총애받는 나라라는 것이 이미 존재하지 않을 날을 마음속에 그렸다. "그 날 이집트로부터 아시리아로 통하는 큰 길이 열려 아시리아 사람은 이집트로, 이집트 사람은 아시리아로 가며 … 그 날 이스라엘은 이집트·아시리아와 더불어 온 땅 위에서 축복을 받은 자가 된다. 만군의 주께서는 이를 축복하여 「복되도다 나의 백성인 이집트, 내가 만든 아시리아, 나의 후사인 이스라엘」이라 말씀하셨다."(이사야서 19장)

기독교는 인간의 아들이 하느님의 아들이 되고, 또 하느님 자신이 된다는 개념을 만들어 내었다. 이 사람 혹은 저 사람이 아니라 인간 자체이다. 로마 교회는 정확히 '보편적'(가톨릭)인 교회였다.

왜냐하면 이 교회가 국가를 초월한 보편적 교회였기 때문이다. 고전적 그리스와 로마의 사고는 유대·기독교 사상과는 독립적으로 하나의 인간이라는 개념에 도달했다. 그것은 국가의 요청에 의거하는 것이 아니라, 인간의 권리에 의거한 자연법에 의하는 것이었다. 안티고네는 국가법에 대해 보편적 인간(자연)법을 지키기 위해서 그녀의 목숨을 희생시켰다. 제논은 보편적 공영권이라는 비전이 있었다. 문예부흥과 계몽주의는 그리스와 유대·기독교의 전통을 높이고, 신학적 의미보다는 인도주의적 의미에서 이것을 더욱 발전시킨 것이다. 칸트는 모든 인간에게 가치가 있는 도덕원칙을 확립하고, 영원한 평화의 가능성을 설파했다. 실러는(1788년 9월 27일) "국가는 인간의 힘의 결과와 사상의 산물에 지나지 않는다. 그러나 인간은 힘의 원천이며 사상의 창조자이다"라고 기술했다.

『돈 카를로스』 속에서 포저는 "인간성의 전부를 대표하여, 그 심장은 모든 인류를 위해 고동치고, 그 정열은 세계와 미래의 세대로 향한다."고 말하였다.

이 인도주의의 가장 완전하고 값은 표현은 괴테의 사상 속에서 읽을 수 있다. 고전극에서 『안티고네』처럼 괴테의 『이피게니에』도 인도의 목소리로써 얘기한다.

"그대는 저 그리스인인 아토로이스조차도 듣지 않았던 참다운 목소리, 인도의 목소리를 이 스키티어의 난폭한 사나이가 들을 줄 아는가?"라고 야만인의 왕이 그녀에게 물었을 때, 이피게니에는 이렇게 대답했다.

"어떤 하늘 밑에서 태어났든 간에, 생명의 물이 그의 가슴속을 맑게 굽이쳐 흐르는 분이라면 이 목소리를 듣지 않을 리가 없습니다."

괴테는 1790년에 "모든 사람들이 새로운 조국을 건설하려고 분주히 일하는 그때에, 편견을 갖지 않고 그가 속하는 시대를 초월하여 일어설 수 있는 인간을 위한 조국은 아무 데도 존재하지 않는 동시에 모든 곳에 존재하는 것이다"라고 썼다.

서구 문화의 가장 위대한 대표자들이 이러한 이념을 갖고 있었음에도 불구하고 역사는 다른 길을 걸었다. 즉 국가주의가 인도주의를 압살한 것이다. 국가와 그 주권은 개인을 복종시키는 새로운 우상이 되었다.

그러나 그 동안에 세계도 변했다. 식민지 사람들의 혁명, 전신, 라디오 등을 백 년 전의 한 대륙, 아니 오히려 한 국가 정도의 규모로 지구를 축소시킨 것이다. 그러나 생겨나고 있는 '하나의 세계'는 그 각 부분에 존재하는 우호적·형제애적 관계에 의하는 것이 아니라, 미사일이 수시간 내에 세계의 거의 모든 부분에 죽음과 파괴를 가져올 수 있다는 사실에 의해 생겨나려 하고 있다. 하나의 세계란 세계 시민권에 의한 새로운 체계를 뜻하는 것이 아니라, 당장이라도 하나의 싸움터로 바뀔 수 있다는 의미에서 '하나'인 것이다. 우리는 하나의 세계에 살고 있지만, 현대인의 감정과 사상은 아직도 국가 속에 있다. 현대인은 여전히 근본적으로 인류에 대해서가 아니라 주권 국가에 대해 충실한 것이다. 그러나 이 시대착오는 재앙을 가져올 뿐이다. 이 상황은 현재 유럽인들에게 받아들여지는 종교적 관용과 공존의 원리가 존재하지 않았던 시대의 종교 전쟁과 흡사하다.

'하나의 세계'가 파괴되지 않기 위해서는 새로운 종류의 인간이 필요한데, 그것은 좁은 국가와 한계를 초월한 인간이며, 모든 인간 존재를 야만인으로서가 아니라 이웃으로 느낄 수 있는 인간이고, 세계의 어디에서나 안주할 수 있는 사람이다.

이 단계가 이처럼 어려운 까닭은 무엇일까? 인간의 생애는 자궁 속에서 시작되어, 출산 후에도 원시인이 자연의 일부였던 것처럼 여전히 어머니의 한 부분이다, 인간은 점차 타자로부터 분리된 자기 자신을 자각하기 시작하는데, 과거에 경험한 어머니와의 안전한 세계 쪽으로 강하게 끌린다. 즉 완전한 개인이 되는 것이 두려운 것이다. 어머니, 씨족, 가족은 모두 '친밀한' 것이다. 혈연이나 습관, 음식, 언어의 연결을 통해 친밀하게 되어 있지 않은 이방인은 위험스런 것으로 생각된다.

이 '이방인'에 대한 태도는 자기 자신에 대한 태도와 불가분의 것이다. 어떤 사람이든, 그의 동포를 자기 자신과 근본적으로 다른 사람으로 체험하고 이방인으로 머물게 하는 한, 그 사람 자신도 자기 자신에 대해 이방인에 그치고 만다. 자기 자신을 충분히 체험하면, 다른 인간 존재와 자신이 똑같다는 것을 인식할 수 있다. 즉 우리는 유아이고 죄인이고 성자이며, 희망을 갖고, 절망하고, 기뻐하고, 슬퍼하는 존재이다. 그리고 사고개념이나 습관, 또는 그 표현은 다를지라도 인간의 본체는 같다는 것을 발견할 수 있으며, 모든 사람이 자신이고, 자신 속에서 동포를 발견하며, 또 그 반대 역시 진실임을 발견할 수 있다. 이 체험에 의해 인간성이란 무엇인가를 발견할 수 있고, '하나의 인간'을 알 수 있는 것이다.

오늘날까지 하나의 인간이 우리에게 있어 일종의 사치품이었는지도 모른다. 왜냐하면 '하나의 세계'가 출현하고 있지 않았기 때문이다. 지금이야말로 하나의 세계가 존재하기 위해서는 하나의 인간의 출현을 필요로 한다. 이것은 역사적으로 말하면 다신 숭배로부터 하나의 신, 혹은 하나의 신이 아닌 존재에 이르는 단계를 형성한 그 위대한 혁명과 비견할 만한 단계일지도 모른다. 이 단계는 자연으로 되든 인간의 손으로 이루어지든 간에, 우상에 봉사하는 일을 중지한다는 이념에 의해 특징지어진다.

그러나 인간은 한 번도 이 목표에 도달할 수 없었다. 인간은 우상의 이름을 바꾸어 이에 계속 봉사했지만, 인간 역시 변했다. 우리는 자기 자신을 이해하는 데도 얼마간의 진보를 하였고, 자연을 이해하는 데 있어서는 놀라운 진보를 이룩했다. 우리는 이성을 발전시켜 완전한 인간이 되려는 경지에 접어들고 있다. 그러나 이 과정에서 그러한 파괴력을 발전시켜 새로운 인간성을 건설하는 마지막 단계를 끝내기 전에 문명을 파괴해 버릴지도 모른다.

사실 우리는 실현해야 할 풍부한 정신적 유산이 있다. 그러나 진보의 계속을 굳게 믿던 18·19세기의 사람들과는 반대로, 우리는 진보

대신에 미개 상태를 만들어 낼지도 모르며, 모든 것을 파괴해 버릴지도 모를 가능성을 마음속에 그리는 것이다.

사회주의와 야만주의 사이의 양자택일은 오늘날 무서운 현실감으로 다가오고 있다. 왜냐하면 야만주의로 향하는 힘이 그에 반항하는 힘보다 강한 것처럼 보이기 때문이다. 그러나 세계를 야만주의로부터 구제할 수 있는 길은 관료적 전체주의에 의한 사회주의가 아니다. 그것은 인도주의의 부흥이며, 새로운 서구의 발흥이다. 그리고 물건을 위해 인간을 사용하지 않고 인간을 위해 새로운 기술의 힘을 사용하는 일이다. 또 그것은 맹목적이고 무정부 상태적인 경제적 이해에 의해 지배되는 사회적·정치적 과정이 아니라, 인간을 해방하기 위한 기준이 경제를 지배하는 새로운 사회이다.

이 인도주의의 부활을 쟁취하기 위해서는 마르크스와 프로이트의 이념이 중요한 지표가 될 것이다. 마르크스는 사회과정의 본질에 대해 매우 깊은 통찰력이 있으며, 프로이트와는 비교할 수도 없을 만큼 당시의 사회적·정치적 이데올로기로부터 독립해 있었다. 프로이트는 인간의 사고, 감정, 정열과정의 본질에 대해 보다 깊은 통찰력이 있었지만, 중산계급 시민사회의 원리를 초월하지는 않았다. 그들은 똑같이 합리화와 이데올로기의 허위를 꿰뚫어 보고, 개인과 사회 현실의 핵심에 도달하기 위한 지적 무기를 우리에게 부여했다.

그들의 학설은 결함이 있긴 하지만, 인간의 진실을 뒤덮고 있던 신비로운 베일을 벗겨 버렸다. 그들은 새로운 인간의 과학 기초를 마련했는데, 이 새로운 과학은 앞으로 다가올 인간의 시대에 가장 필요로 하는 것이다. 에머슨의 말처럼 물건이 인류를 지배하는 일을 중지하고 인간이 지배권을 장악해야 하는 것이라면, 다가올 세상은 인간의 시대인 것이다.

12. 나의 신조

나는 믿는다—인간은 자연 발전의 산물이다. 즉 우리는 자연의 일부이지만, 이성과 자각을 부여받았기 때문에 그것을 초월한다.

나는 믿는다—인간의 본질은 명확히 알 수 있는 것이다. 그러나 이 본질은, 그 역사를 통해 항상 인간에게 명백히 드러나 있던 것이 아니다. 인간의 본질은 그 존재에서 유래되는 (위에서 말한 바와 같은) 모순으로 이루어져 있기 때문에, 인간은 이 모순을 해결하려고 시도한다. 우리는 이 존재론적 이원성에 대해 중립적일 수도 수동적일 수도 없다. 이 인간이라는 사실 때문에, 우리는 인생에 의해 물음을 받고 있는 것이다. 그것은 동포 및 자연과 합일하여 하나가 된다는 체험을 얻기 위해 자기 자신과 외계와의 분리를 어떻게 하면 극복할 수 있는가, 하는 물음이다. 우리는 물음에 대해, 그 인생의 모든 순간에 답하지 않으면 안 된다. 그것은 사상이나 언어를 통해서 뿐만 아니라, 근본적으로 그 존재와 행위의 양식을 통해 이루어지는 것이다.

나는 믿는다—이 존재에의 물음에 대해서 몇 가지 한계가 있지만 확실한 해답이 있다. 종교나 철학의 역사는 이러한 해답의 카탈로그이다. 더욱이 거기에는 근본적으로 다만 두 개의 범주에 속하는 해답이 존재할 뿐이다. 그 하나는 인간이 그의 특질인 이성과 사랑을 배제하고 전

인간적 존재로 퇴행함으로써 자연과 다시금 조화되려고 시도하는 일이며, 다른 하나는 인간의 힘을 충분히 발전시켜 그의 동포와 자연 사이에 새로운 조화를 이룩하는 것을 목표로 삼는 일이다.

나는 믿는다—이 첫 번째 해답은 실패로 끝나도록 운명지어져 있다. 그것은 죽음과 파괴와 고통에의 길이지 결코 조화나 능력을 강화시키는 길이 아니다. 두 번째 해답은 탐욕과 이기주의의 배제를 요청하고, 훈련과 의지와 선배에의 존경을 요구한다. 이것은 어려운 일이긴 하지만 실패로 끝나지 않을 유일한 해답이다. 사실 최종 목표에 도달하지 않더라도, 그에 접근하고자 하는 행동과 의욕 자체가 인간의 생명력을 강화하고 통일하며 통합하는 힘을 갖고 있다.

나는 믿는다—인간의 기본적인 양자택일은 삶과 죽음의 문제 이외의 아무것도 아니다. 모든 행위는 이 선택을 의미한다. 인간에게는 이것을 행할 자유가 있지만, 그것은 한계가 있다. 그 사람의 심리적 소질이나 태어난 사회의 조건, 가족, 스승 및 그 사람이 선택한 친구 등 여러 가지의 좋은 조건 또는 좋지 않은 조건들이 있다. 인간의 사명이란 자유를 확대하고, 죽음으로 인도되는 조건에 대항하여 삶으로 향하는 조건을 강화하는 데 있다. 여기서 말하는 삶과 죽음이란 생물학적인 것이 아니라, 존재하며 세계와 관여하는 그 정황을 말한다. 삶이란 항상 변화하고 항상 새롭게 태어나는 것을 의미하며, 죽음이란 성장의 중도 포기, 화석화, 반복을 의미한다. 하지만 대다수 사람들의 불행은 선택을 행하지 않는 데 있다. 그들은 살아 있지도 않고 죽어 있지도 않다. 삶은 무거운 짐이 되고 무의미한 것이 되며, 오직 분주함만이 이러한 애매한 상태에 있기 때문에 생겨나는 책고로부터 그 사람을 지키는 수단이 된다.

나는 믿는다—인생이나 역사는 개인의 인생에 의미를 부여하고, 그 고뇌를 정당화할 만한 궁극적 의미가 있지는 않다. 인간의 존재에 얽

혀드는 모순과 허약함을 생각하면, 사람이 '절대적'인 것을 구하는 일이 지극히 당연하다는 생각이 들기도 한다. 왜냐하면 그것이 인간에게 확실성이라는 환상을 부여하고, 갈등이나 의혹, 책임으로부터 그 사람을 해방시키기 때문이다. 그러나 어떠한 신학적・철학적・사학적 의상을 걸친 신이라 할지라도 인간을 구제하거나 심판할 수는 없다. 단지 인간만이 인생의 목적을 발견하고, 이 목표를 실현하기 위한 방법을 발견할 수 있는 것이다. 인간은 궁극적인 구제가 될 절대적 회답을 발견할 수는 없지만, 체험의 격렬함과 깊이와 순도를 항상 유지하도록 노력함으로써, 환상을 갖지 않고 사는 일의 강인성을 몸에 지니고 자유로운 존재가 될 수 있는 것이다.

나는 믿는다—우리는 동포를 위해 결단을 내려주어도 그 사람을 구제할 수는 없다. 사람이 타자를 위해 할 수 있는 일은 진실과 애정으로써, 감상이나 환상에 빠지는 일 없이 양자택일을 그의 앞에 제시해 주는 일뿐이다. 진정한 양자택일에 직면하면 그 사람의 모든 숨은 에너지가 깨어나며, 그 사람은 죽음에 반항하여 삶을 선택할 수 있게 된다. 그러나 만일 그 사람이 삶을 선택할 수 없을 때에, 타자가 그 사람에게 삶의 숨결을 불어넣어 주려 한대도 그것은 헛된 수고에 지나지 않을 것이다.

나는 믿는다—선을 선택하여 그에 도달하는 데는 두 가지의 방법이 있다. 첫 번째 방법은 도덕적 계율을 존중하고 그에 따르는 일이다. 이 길은 효과적일지도 모르지만, 수천 년의 역사를 통하여 십계의 요청을 지킬 수 있었던 사람은 불과 소수의 사람들이었음을 고려할 필요가 있다. 즉 권위 있는 사람들에 의한 명령으로서 계율이 제시되었을 때 많은 사람들은 오히려 죄악에 기울여져 버렸던 것이다. 두 번째의 길은 선이나 정의를 행할 때에 느끼는 충실감에 눈 뜨는 일이다. 이 충실감은 공리주의자나 프로이트파가 말하는 의미에서의 쾌락이 아니다. 그것은 삶의 고양감이며, 거기서 자신의 힘과 자기의 존재가 재인식되는 것이다.

나는 믿는다—교육이란 청년을 인류 최선의 유산과 친밀하게 하는 일이다. 이 유산의 대부분은 언어로 표현되어 있지만, 이 말이 교육자에 의해 실현되고 사회의 실천과 구조 속에 나타남으로써 비로소 인류의 유산은 그 효과를 나타낸다. 피가 되고 살이 된 이념이어야만 인간에게 영향을 미칠 수 있는 것이며, 언어에만 머물러 있는 이념은 기껏해야 언어를 바꿀 수 있을 따름이다.

나는 인간의 완전성을 믿는다. 이 완전성이란 인간이 그 목표에 도달할 수 있는 존재라는 의미이긴 하지만, 반드시 거기에 도달할 것임에 틀림없다는 의미는 아니다. 만일 개인이 인생에서 선택을 행하지 않고 성장도 하지 않으면, 필연적으로 파괴적이 되며 산송장이 된다. 악이나 자기 상실은 선이나 자기 충실과 마찬가지로 현실적인 것이며, 그것은 인간이 기본적 능력을 실현시키려 하지 않을 때 생기는 2차적 능력이라고 생각된다.

나는 믿는다—성자나 범죄자로 태어나는 인간은 예외에 지나지 않는다. 개인에 따라 성격 경향은 다르지만, 우리는 선과 악에 대한 성격 경향을 공유하고 있다. 그러므로 우리의 운명은 주로 이 주어진 성격 경향을 다시 형성해 나가는 여러 가지 영향력에 의해 결정되는 것이다. 가장 중대한 영향을 미치는 것은 가족이다. 그러나 이것도 말하자면 사회의 대리자에 지나지 않으며, 사회가 각자의 마음에 새겨 두려하는 가치나 정상성을 전달하는 루트인 것이다. 따라서 개인의 성장에 있어 가장 중요한 요인은 그 사람이 태어난 사회의 구조와 가치라고 할 수가 있다.

나는 믿는다—사회는 촉진과 억압의 기능이 함께 있다. 그리고 인간은 타자와의 협동과 노동의 과정에서 비로소 자기의 힘을 발전시킬 수 있는 것이며, 오직 역사과정 속에서만 자기 자신을 창조하는 것이다. 그러나 동시에 현재까지 대부분의 사회는 다수자를 이용하려 한 소수자의 목적에 봉사해 오고 있다. 그러므로 이러한 사회에서는 사회의 힘이 다수자를 쓰러뜨리고 협박하기 위해, 다수자가 그 힘을 충분히 발휘하지 못하도록 방해하기 위해 사용되어 왔다. 그 때문에 간접적으로는 사회 자체의 힘이 약화되는 결과가 된 것이다. 그래서 사회는 인간성이나 모든 인간에게 가치가 있는 보편적 기준과 항상 모순당착을 일으켜 왔다. 이렇게 생각할 때, 사회의 목표가 인간성이 갖는 목표와 똑같아졌을 때에 비로소 사회는 인간을 무력하게 하고 악을 조장하는 일을 중지하는 것이 아닐까, 하는 생각이 든다.

나는 믿는다—인간성은 모든 사람에게 나타나 있다. 우리는 지능, 건강, 재능 등의 면에서는 상이하지만, 그럼에도 불구하고 '하나'인 것이다. 우리는 모두 성자이고 죄인이며, 성인이고 유아이기도 하지만, 아무도 타자보다 우월한 자이거나 심판자일 수 없다. 우리는 모두 부처와 함께 각성한 것이고, 그리스도와 함께 십자가의 책고를 받은 것이며, 또 칭기즈칸이나 스탈린, 히틀러와 함께 살육하고 약탈한 것이다.

나는 믿는다—인간은 그의 개성을 자각하고 자기를 추상적인 공약수적인 것으로 환원하는 일을 중지했을 때 비로소 전체적・보편적 인간으로서의 체험을 마음속에 그릴 수 있는 것이다. 우리의 생애에 부하된 임무는 자기의 개성을 자각하고 동시에 그것을 초월하여 보편적 체험에 도달한다는 참으로 역설적인 것이다. 즉 충분히 발달된 개성적 자아여야만 비로소 '나'를 버릴 수 있는 것이다.

나는 믿는다—출현하고 있는 '하나의 세계'는 '새로운 인간'이 나타남으로써 비로소 현실적인 것으로 될 수 있는 것이다. 이 새로운 인간이란 혈액과 흙에 의한 원초적 결합 속에서 나타나며, 또 자신이 사람의 아들, 즉 개별적인 것에 대해서가 아니라 인류와 인생 그 자체에 충실한 세계 시민이라고 느끼는 사람을 말한다. 그는 인류를 사랑하기 때문에 그의 나라를 사랑하고, 그의 종족에 대한 충절 때문에 자기의 판단이 일그러지는 일이 없는 사람이다.

나는 믿는다—인간의 성장이란 항상 계속 탄생하고 항상 각성하는 일이다. 보통 우리는 반수면 상태에 있으면서 자신의 일을 할 수 있을 정도로 깨어 있을 뿐이다. 즉 생명적 존재의 유일한 책무로서 살아 나가기 위해 충분할 만큼 각성하는 것은 아니다. 인류의 위대한 철학자란 게으름을 피우며 하는 일 없이 허송세월하던 인간을 눈 뜨게 한 사람들이었다. 그리고 인간성에 대한 커다란 적은 인간성을 잠들게 한 사람들이며, 그 잠이 신을 예배한 때문이었는가, 금권력을 숭배한 때문이었는가는 문제가 아니다.

나는 믿는다—과거 4천 년간의 역사에 있어서 인간의 진보는 참으로 외경심을 불러일으키는 것이다. 인간은 이성의 힘에 의해 자연의 수수께끼를 밝히고, 맹목적인 자연의 힘으로부터 자기를 자유롭게 했다. 그러나 새로운 세계를 여는 위대한 승리를 얻을 때마다 인간은 자신이 만들어 낸 물건이나 조직 앞에 무릎을 꿇은 것이다. 우리는 새로운 생산법을 발명하고, 생산과 소비를 새로운 우상으로 만들었다. 더욱 이 자신의 손으로 만든 작품을 숭배하고, 자기 자신을 물건의 노예로까지 끌어내렸다. 인간은 신이나 자유, 사회주의의 이름을 헛되이 내세운다. 즉 인간성의 파산을 은폐하려고 자기의 힘, 즉 폭탄이나 기계를 자랑하며, 인간의 무력함을 감추려고 자기의 파괴력을 자만하는 것이다.

나는 믿는다—우리를 자기 파괴로부터 구할 가능성이 있는 유일한 힘은 이성이다. 이성은 인간이 갖는 이념 속에서 비현실성을 인식하고, 허위나 이데올로기에 의해 겹겹이 싸여 있는 현실 속으로 침투하는 능력을 갖는다. 지식을 부담하는 것으로서가 아니라 '일종의 에너지'로서, '그 힘은 작용이나 효과의 측면에서 봄으로써 비로소 충분히 이해되고',

'그 가장 중요한 기능이 결합하며 해방시키는 힘 속에 있는[1] 이성이 그것이다. 폭력이나 전력이 우리를 구할 수 있다고는 생각되지 않는다. 그러나 정신적 건강과 이성이라면 그것이 가능할지도 모른다.

나는 믿는다—이성도 인간이 희망과 신념을 갖지 않을 때는 무력하다. 괴테가 말한 것처럼 역사상 여러 시기의 가장 큰 상위는 신념과 불신의 차이다. 신념이 지배하던 모든 시대는 눈부시게 고양되고 풍요했던 것에 비하여, 불신이 지배한 시대는 퇴색해 있는데, 그 까닭은 공허한 것에 자기를 바칠 인간은 없기 때문이다. 의심할 것도 없이 문예부흥과 계통의 19세기는 신념과 희망의 시대였다. 그러나 20세기의 서구 세계는 희망과 신념을 상실했다는 사실을 인정하지 않고 착각을 하는 것이 아닐까? 사실 인간에 대한 신념이 없으면 기계에 대한 신앙이 우리를 파멸로부터 구할 수 없을 것이며, 오히려 이 '신앙'이 '종말'을 재촉하게 될 뿐이리라, 그러므로 서구 세계가 생산이나 산업이 아니라 인간성을 충분히 발휘시킬 수 있는 휴머니즘의 부흥을 이룩할 수 있느냐의 여부가 중심 문제이다. 그렇지 않다면 다른 위대한 문명처럼 '서구' 역시 소멸될 것이다.

나는 믿는다—진실을 인식하는 일은 본래 지능의 문제가 아니라 인물의 문제이다. 그 가장 중대한 요소는 '아니다'라고 말할 수 있는 용기이다. 즉 권력의 명령이나 대중의 의견에 복종하지 않으며, 잠드는 일을 중지하고 인간이 되어 각성함으로써 절망감과 공허감을 버리는 일이다. 이브와 프로메테우스는 인류를 자유롭게 한다는 '죄'를 범한 두 명의 위대한 반역자였다. 더욱이 의미심장하게 '아니다'라고 말할 수 있는 능력은 동시에 의미심장하게 '그렇다'고 말할 수 있는 능력이기도 하다. 신에 대한 긍정은 카이젤에 대한 부정이며, 인간에 대한 긍정은

---

1) E. 카시러, 《계몽의 철학》 1955년; Ernst Cassirer, The philosophy of the Enlightenment (Beacon Press).

인간을 노예화하고 착취하며 쓰러뜨리는 자에 대한 부정인 것이다.

나는 믿는다—본질적인 것은 자유와, 자기를 주장하는 권리, 그리고 자기를 주장하는 일을 방해하는 자에 대한 싸움이다. 그러나 자유란 단지 폭력에 의한 압박이 존재하지 않는다는 의미가 아니다. 그것은 '무엇으로부터의 자유' 이상의 것이다. 즉 '무엇에의 자유'인 것이며, 풍부히 갖고 물건이나 사람들을 이용하는 자유보다도 풍부해질 수 있는 자유, 독립자가 될 수 있는 자유인 것이다.

나는 믿는다—서구 자본주의 및 소련과 중국의 공산주의는 모두 미래를 해결할 수 없는 것이다. 그것들은 모두 관료주의를 만들어 내고 인간을 물건으로 전환시켰다. 인간은 자연이나 사회의 힘을 자기의 의식과 합리적 통제 밑에 복종시키지 않으면 안 된다. 그러나 그것은 물건과 인간은 관리하는 관료주의의 통제가 아니라, 만물의 척도로서의 인간을 위해 물건을 관리하고 복종시키는 자유롭고 협력적인 생산자에 의한 통제여야 한다. 양자택일은 '자본주의'와 '공산주의' 사이에 있는 것이 아니라 '관료주의'와 '휴머니즘' 사이에 있다. 그러기 위해서는 인간이 갖는 모든 힘을 개화시키는 일이 최종적 목표가 되는데, 이에 필요한 조건을 실현시킬 수 있는 것은 민주적이고 지방 분권적인 사회주의 밖에 없다.

나는 믿는다—개인적·사회적 생활 속에 있는 가장 비참한 과오 중의 하나는 상투적인 양자택일에 얽매여서 생각하는 일이다. '소외적 공업 문명이냐, 개인주의적 전 공업적 사회냐', '재군비냐, 무력이냐' 하는 따위의 예처럼 이런 종류의 양자택일로 나타나고 있다. 상투적 문구의 치명적인 속박으로부터 자유로워져서 인간성과 이성의 소리에 귀를 기울이기만 하면, 항상 다른 새로운 가능성이 존재한다는 것을 알게 된다. '필요악'의 원리는 절망의 원리이다. 대부분의 경우, 그것은 더욱 큰 악이 승리를 거둘 때까지의 기간을 연장시킬 뿐이다. 정당하고 인도적인 일을 과감히 행할 용기를 갖고, 인간성과 진리의 소리의 힘을 믿는 일이, 이른바 기회주의적인 현실주의보다 더욱 현실적이다.

나는 믿는다—인간은 자기를 노예화하고 마비시키는 환상을 극복하지 않으면 안 된다. 즉 환상을 필요로 하지 않는 세계를 만들기 위하여 자기 내외의 현실에 눈 뜨지 않으면 안 된다. 환상의 사슬이 깨졌을 때 비로소 자유와 독립을 얻을 수 있는 것이다.

나는 믿는다—오늘날 유일한 주요 관심사는 전쟁과 평화의 문제이다. 인간은 지구상의 온 생명을, 혹은 모든 문명생활과 거기에 남겨진 가치를 바야흐로 파괴하려 하고 있다. 그리고 남은 인류를 지배할 야만적인 전체주의적 기구를 만들어 내려하는 것이다. 모든 진영이, 빠져 들어가고 있는 심연으로부터 사람들의 눈을 돌리려 얘기하는 모략을 간파하여 이 위험에 눈뜨는 일이야말로 오늘날 우리가 따라야 할 하나의 임무이며 도덕적 · 지적 지상명령인 것이다. 만일 이 일을 태만히 한다면 우리는 모두 파멸되는 수밖에 없다. 만일 우리가 모두 원폭의 희생물로서 멸망한다면, 그것은 인간이 본래의 모습으로 돌아갈 수 없었거나 원래 악한 존재였기 때문이 아니라, 어리석은 여론 때문에 현실을 보지 못하고 진리에 의거해서 행동하지 못한 때문이리라. 나는 인간의 완전성을 믿는다. 그러나 우리가 당장 각성할 수 없다면, 이 목표에 도달할 수 없는 게 아닐까 하는 의구심을 품고 있다.

"야경꾼이여, 지금은 밤의 어느 때쯤 되었습니까?"

야경꾼은 말한다.

"아침이 옵니다. 밤도 다시 옵니다. 만일 당신이 듣고자 한다면 들으세요, 또 오세요"(이사야서 21장)

후 기

이 책은 에리히 프롬(Erich Fromm)의 《Beyond the Chains of Illusion; My Encounter with Marx and Freud》(1962, A Trident Press Book)의 완역이다. 원래 이 책은 철학자 루스 앤센이 편집한 '나의 신조 총서' 중의 한 권으로 간행된 것인데, '신조 총서'란 현대 미국의 대표적 사상가들에게 사상적 신조의 표명을 요구한 것이다. 그리고 이미 프롬 이외에도 르네 듀버스, 머지스 헤이더스, R. M. 매키버 등의 저작이 출판되고 있다.

원저자인 프롬에 대해서는 이미 그의 저작 대부분이 번역되어 있으므로 새삼스레 그의 경력을 소개할 필요는 없으리라고 생각한다. 그래서 여기서는 이른바 신 프로이트학파 내부에서 프롬의 위치에 대해 간단히 언급하고자 한다. 주지하는 바와 같이 신 프로이트학파는 프로이트의 정신분석에 대한 내부로부터의 비판과, 사회학 및 문화 인류학의 영향 밑에서, 1930년대 미국에서 발생한 일군의 분석의들의 활동에 대해 이름 붙여진 것이며, 그 주요 멤버로는 설리번, 호나이, 클라라 톰슨, 프롬라히만 및 프롬 등을 들 수 있다. 이 그룹은 문화학파 또는 비리비도파라고도 불리는데, 그 중에서도 프롬은 그 풍부한 사회학·문화 인류학·역사학 지식을 구사하여 심리학적으로 본 인간 존재와 사회와의 모순을 지적하고, 정신분석에 있어서의 새로운 의미에서의 가치 개념의 중요성을 강조했다.

이 프롬의 학설과 또 한편의 이론적 지도자였던 설리번의 학설은 신 프로이트학파 내부에서 서로 보완하는 위치에 있다고 할 수 있다. 프롬과 설리번의 학설 사이에는 실제적으로 공통된 면이 많지만, 이 두 사람이 주로 흥미를 가진 면이 달랐기 때문에, 그들의 학설 속에서 각기 인간의 인격적 차이점이 강조되고 있다. 이 차이는 특히 자아를 다룰 때에 강하게 나타났다. 즉 설리번은 현존하는 사회 속에서의 인간의 모순과 딜레마를 추구한 데 반해, 프롬은 현존하는 사회 전체가 안고 있는 인간 소외의 요소, 즉 사회적 모순과 그 영향을 주로 추구하였다. 그 때문에 우리는 설리번적 접근법에 의해 현존하는 사회 속에서 인간의 능력이 어떻게 장애를 받아 가는가를 알 수 있으며, 또 프롬의 방법에 의해 인간 정신의 성숙 가능성과 그 조건에 대해 배울 수가 있는 것이다.

이 신프로이트학파의 한 사람인 프롬은 사상적 자서전이라고도 할 수 있는 이 책에서, 마르크스와 프로이트로부터 정신적 충격을 받고, 어떻게 자기의 사상을 발전시켜 나갔는가를 상세히 설명하였다. 그것은 한편으로 20세기 전반기의 인류가 갖는 고뇌의 상징이며, 또 미래에의 모색의 하나라고 할 수 있을 것이다.

역자

김진욱

서울대학교 사범대학 졸업

한국교재 개발공사 주간

역서

J. 모노, 《우연과 필연》

R. 바크, 《갈매기 조나단》

N. V. 필, 《적극적 사고방식》

펄벅, 《젊은 여성을 위한 인생론》

L. 밥포드, 《개성과 역사》 외